וּלְקַחְתֶּם לָכֶם
בַּיּוֹם הָרִאשׁוֹן
פְּרִי עֵץ הָדָר
כַּפֹּת תְּמָרִים
וַעֲנַף עֵץ עָבֹת
וְעַרְבֵי נָחַל
וּשְׂמַחְתֶּם
לִפְנֵי ד׳ אֱלֹקֵיכֶם
שִׁבְעַת יָמִים׃
(ויקרא כ״ג, מ׳)

ב"ה

To Dr. Heffel –
"an "ESSROG" of a man –
Rabbi Aver Halevim
EREV YOM KIPPUR 5761

מכון "אמרי דוד"

HALACHOS OF THE FOUR SPECIES

by Rabbi Yechiel Michel Stern

Rabbi of the community of
Ezras Torah, Yerushalayim

translated by

RABBI DOVID ORATZ

FELDHEIM PUBLISHERS

Jerusalem, 5754

ISBN 0-87306-655-3

© 1993 All rights reserved.

Registered with the U.S. Library of Congress.

No part of this publication may be translated, reproduced, stored in a retrieval system or transmitted, in any form or by any means, electronic, mechanical, photocopying, recording, or otherwise, without permission in writing from the publishers.

FELDHEIM PUBLISHERS
POB 35002 / Jerusalem, Israel

200 Airport Executive Park
Spring Valley, NY 10977

Printed in Israel

10 9 8 7 6 5 4 3 2 1

To my dear son, *Ha-rav Ha-gaon* Reb Yechiel Michel, *shlita*

I hereby wish to express my thanks to the *Ribbono shel Olam* upon the publication in English of your sefer on the *halachos* of the *arba'ah minim*. It is my wish that your important book, which was received with such acclaim when it was published in the original Hebrew, meet with the same success when it reaches the English-speaking public.

I want to take this opportunity to express my deep gratitude to your translator, Rabbi Dovid Oratz, a wonderful young *talmid chacham* who used his talent and put great effort into rendering into clear English every *halachah* in your classic work. May his translation provide the opportunity for those who do not understand *lashon ha-kodesh* to learn all the laws of the great mitzvah of the Four Species, and may it encourage them to observe this mitzvah with full understanding of all its details.

I thank *Hashem Yisbarach* for his *chesed*.

Your loving father,
Moshe Aharon Stern
Menahel Ruchani, Yeshivas Kamenetz
Yerushalayim
Tammuz 5753

אמרי דוד

פתח דבר

בס״ד

מעטים הם החיבורים שראו אור סביב מצווה חביבה זו של ארבעת המינים. מן החדוש והמקוריות יש בספר שלפנינו אשר בא לסייע בהבנת כל המושגים בהלכות ופרטי הדינים של ארבעת המינים והמסתעף. היצירה שלפנינו מיוחדת היא בכך שכל מונח ושאלה הלכתית מלווה בתמונות, המקלות על המעיין.

הספר שהינו פרי מחקר ועבודה בהיקף נרחב ביותר, מכיל 164 תמונות ומהווה אנציקלופדיה זוטא לנושא ארבעת המינים.

כבר אתמחי גברא, ידידי הגאון יוזם ומחבר החבור שלפנינו רבי יחיאל מיכל שטרן שליט״א רב בשכונת עזרת תורה בירושלים, בחיבוריו הקודמים, בהם ניכרת גישתו המקורית, הבנתו ובקיאותו בכל נושא.

יזכו לכל מילי דמיטב לבריות גופא ונהורא מעליא משפחת סויסה אשר על שם ראש משפחתם, רבי דוד זצוק״ל, הוקם המכון.

כ״כ יבורכו חברי הנהלתנו הרה״ג יהושע רינמן יו״ר ״אוצר הפוסקים״, והרב אביגדור בורשטיין הי״ו.

הננו תקוה שחבור זה יהווה חוליה נוספת וכלי מחזיק ברכה בשרשרת היצירות התורניות שהוצאו על ידי המכון, ויהא לעזר רב הן לתופשי התורה והן לכלל ישראל, בלימוד הלכות ארבעת המינים.

הרב משה רחלזון

יו״ר ההנהלה

Author's Introduction

I thank Hashem with all my heart for allowing me to reach this point. With His help, I have written several books on Halachah that were well-received in the Torah world. It was a special privilege to write this book on the Four Species, and it too has achieved widespread acceptance in its Hebrew edition.

In *Midrash Rabbah* (*Vayikra*), we read how much Hashem values the mitzvah of the Four Species: for its proper fulfillment, we are promised that sins will be forgiven, that Hashem will reveal Himself, and that the performance of the mitzvah is the equivalent of bringing a sacrifice. The *Midrash* then goes on to relate the power of this mitzvah: it prevents undesirable dew, it turns back those who would prosecute us, it brings bountiful rain, and it ensures the personal supervision of Hashem.

For these reasons, we find that this mitzvah has been meticulously observed throughout the ages. Scrupulous attention has always been given to fulfilling it in the most beautiful manner possible, even more so than for other mitzvos, since it is only for this mitzvah that the Torah mandates *hiddur*, beautification or enhancement.

As far back as Talmudic times, we find that R. Gamliel paid a thousand zuz for an esrog (*Sukkah* 41b). It is known that throughout subsequent generations people would scrimp and save to ensure that they could obtain the finest of the Four Species. In our own time as well, it is readily apparent how observant Jews do not stint before the holiday. When going to buy the *arba'ah minim*, they seem to have but one goal: to find the most beautiful ones. How glorious it is to watch them go off carrying their beautiful esrogim!

Yet there is much confusion among the public in this matter. Not only is there a great deal of material that must be studied in order to know what to choose, but it is also necessary to know more about how these species grow.

For example, while it is known that greater stringencies apply to the upper part of the esrog (the *chotem*), it is by no means clear exactly where the *chotem* is for various types of esrogim.

Many esrogim are sold without a *pitam*. How can it be determined whether it developed that way or was broken off at a later stage? What is the "indentation on top" alluded to by the halachic decisors, that permits the use of an esrog without a *pitam*?

When an esrog is "peeled" or "incomplete" in certain respects, it may not be used. But in which respects? A hole in an esrog renders it unfit for use when the hole reaches "the seedbox." How can that be determined without having to open the esrog?

When does a black spot render an esrog unfit for use? How problematic are leaf-marks (*bletlach*)? What colors render an esrog unfit for use when a majority is covered, and, occasionally, when there are just three small spots? What is a *chazazis*, and when does a white spot render the esrog unfit?

We know that an esrog that is "as green as grass" may not be used. But many use very green esrogim because of the misconception that this is acceptable as long as the esrogim will turn yellow at some point. It is important to clarify that such esrogim may be used only after they have begun to turn yellow.

Sometimes even deeper knowledge is necessary. A single black spot on the lower half of the esrog is acceptable, but some black spots are the result of an insect's penetration of the esrog. This penetration can render the esrog incomplete, and therefore unfit, even if it appears to be an ordinary black spot. What are the external signs to look for?

Some points are even unknown to many growers of esrogim. For example, it is well-known that an esrog is considered *orlah* in its first few years of growth and thus may not be used. But it is less known that *orlah* applies to an esrog on a new branch that has emerged directly from the roots of an older tree. Not being aware of this point can result in non-kosher esrogim being sold as kosher.

There are similar problems concerning the lulav. Many have heard of the question concerning the use of a lulav from the Canary palm. Although some permit its use, others totally prohibit it. It is difficult to distinguish between the two types.

As for the lulav itself, beautiful lulavim are sometimes rejected out of the

Author's Introduction

fear that they may have a *hemnik* split that renders them unfit for use. Yet careful scrutiny of the reasoning of the *Rishonim* shows us that the *hemnik* (similar to today's caliper) was specifically chosen to teach that anything that is not "greatly split" is *not* a *hemnik* split. This book tries to develop a clear definition of a *hemnik* split, but certainly one should not assume that every lulav that has two points has a *hemnik* split!

There are difficulties concerning hadassim as well. Many hadassim do not resemble the classic hadassim of Tzefas. But does that mean that they are grafted from other species? And what of the requirement that hadassim be triple-leaved? Exactly what does that require?

The public's confusion is especially apparent in regard to aravos. There are "aravos" on the market that are not even of the proper species, despite their strong resemblance. How is one to tell the difference? Furthermore, is it appropriate to spend so much time and money on the other three species while taking aravos with coarse serrations that are unacceptable according to the Rambam when aravos that have little or no serrations are readily available?

For all these reasons, I decided to write a book which would clarify these and related issues. Although other excellent books have been written on this subject, I have included many color photographs, so that it will be possible to learn the *halachos* in a relatively short period of time, and to apply them as well. In order to be able to present clear identifying signs of the *arba'ah minim*, I traveled all over Israel, from the Golan Heights in the north down to Ein Gedi, on the shores of the Dead Sea. I am grateful to Professor Yehudah Felix for all his help with the botanical details related to many of these questions.

I have not included a discussion of every possible problem concerning the Four Species. Instead, I have limited myself to the more common problems as decided by "Ha-Kohen Hagadol," Rabbi Yisrael Meir Ha-Kohen, in his *Mishnah Brurah*. I tried to keep the discussions as brief as possible, to facilitate finding clear answers. Similarly, I have emphasized examples that are unquestionably kosher, since the supply of *arba'ah minim* on the market is plentiful. Hundreds of years ago, it was necessary for the

Trumas Ha-Deshen (in 2:52) to decide on the acceptability of an esrog that had been cut into several pieces the size of an egg, so that as many people as possible could take part in the mitzvah. Today, thank God, the Four Species are readily available, and it is not necessary to discuss difficult situations.

I take great pleasure in thanking my uncle, Rabbi Shlomo Zalman Auerbach, *shlita*, for all his help with this book. He gave the deciding opinion for many of the questions discussed. It is my fervent hope that the prayer asking Hashem to preserve our Sages and keep them "fresh and clear" to a ripe old age, apply to him. I would also like to thank the well-known Rabbi Rafael Reichman who graciously reviewed most of the Hebrew manuscript and made many insightful comments that were incorporated into the book.

The book in its present form is the work of Rabbi Dovid Oratz. We spent many days together going over the contents to ensure that the English edition would be as clear and accurate as possible. I am much indebted to him for encouraging me to further improve the book.

It was a pleasure to get to know Yaakov Feldheim and his staff. Reb Yaakov's enthusiasm and wholehearted support assured that this book would be published. My thanks to Harvey Klineman who so patiently and skillfully laid out the text and pictures. May they all continue to be successful.

It is my hope and prayer that this book be of aid to people in fulfilling the mitzvah in a glorious fashion. May that merit protect me and my children forever, and may I not stumble in matters of Halachah.

Yechiel Michel ben Rabbi Moshe Aharon Stern, *shlita*

Tammuz 5753
Yerushalayim

Translator's Foreword

Rare is the book that can capture the Torah world in its first season. The Hebrew edition of this book did just that, thanks to the clarity of the text, as well as the photographs. The utility of this book is such, however, that it is a pity to limit it to only those fluent in Hebrew.

I have attempted to ensure that this book retain both its clarity and its depth in English translation. To accomplish the former, I found it necessary to delete certain passages that impeded the flow. In order not to sacrifice the latter, the deleted portions were included in the Hebrew section at the back of the book, with lettered footnotes in the English text for reference. In addition, the final section of the Hebrew edition, which analyzed several points in depth, is included in its entirety in this book.

I am grateful to Hashem for both the privilege of working on such an important book, and the honor of working with its author, Rabbi Stern. It was a pleasure to get to know a man who combines such erudition with a sense of humor and artistic sensibility. I thank him for all that I've learned from him, as well as for making our work together so enjoyable.

I also enjoyed working with Mr. Yaakov Feldheim. In many ways, he was the driving force behind this book's publication. Not only did he meticulously review the English manuscript, carefully compare it to the Hebrew original, and give many insightful comments, but he made sure that this book be given top priority. May Hashem grant him much success in his endeavors.

But Feldheim Publishers is truly a team operation: Joyce Bennett carefully did the copyediting and proofreading; Hannah Hartman patiently typeset the book; and Harvey Klineman painstakingly designed and laid out the book. It was truly a wonderful experience being part of their team for a short while.

I would like to thank Jonathan Kessler for his direct and indirect help with this book.

I must also thank those responsible for my reaching this point: my Rabbi and mentor, Rabbi Tuvia Goldstein, *shlita*, who taught me to swim in the Sea of Halachah; and my parents and in-laws, who have done so much for me.

May Hashem grant them long, healthy lives with much *nachas* from their children.

Most of all, I am indebted to my wife, Adele, who, more than anybody else, has made me what I am. I am grateful for her patience, help and encouragement while I was working on this book. May Hashem grant her a long, healthy life with much *nachas* from our children.

Dovid Oratz
Tammuz 5753
Yerushalayim

Contents

Part 1: The Esrog

The Ideal Esrog
2-4

Grafting
4-8
- 4 Difficult Situations
- 5 Differentiating between Grafted and Ungrafted Esrogim

The Hadar Requirement of an Esrog
8

Size
8-10
- 9 A Thin but Long Esrog
- 10 An Esrog that Shrinks
- 10 An Esrog that Will Shrink

Defining the Upper Part of the Esrog
10-12
- 10 Opinion of Rashi
- 10 Opinion of the Rosh
- 11 Opinion of the Ran
- 11 Opinion of the Rambam
- 12 The Opinion Followed Today
- 12 Esrog with a Double Upward Slope

An Esrog's Color
13-17
- 13 Brown
- 13 Red
- 13 Black
- 13 White
- 13 Green
- 17 Forcing an Esrog to Turn Yellow

Change in Color
18-24
- 18 A Color Change on the Upper Part
- 19 A Color Change on the Lower Part
- 21 A Color Change as a Result of Handling
- 22 A Black Spot

	22 Examination Distance
	23 A Black Dot from Spraying
	23 A Black Dot on a Leaf-Mark
	24 Dark Green Splotches

The Pitam
25-35

28 A *Pitam* that Fell Off from Natural Causes while on the Tree
28 A *Pitam* that Fell Off as the Result of a Blow while on the Tree
30 A Partly Broken Pitam
32 Pitam that Breaks Off in its Entirety
32 Pitam Broken until the Top of the Esrog
32 Part of the Width of the Pitam is Broken
33 Doubt as to Whether the Pitam Had Fallen
33 A Broken Pitam after the First Day
33 A Hole Deep into the Pitam
34 A Black Spot on the Pitam
35 A Broken Off Shoshanta

An Incomplete Esrog
36-49

36 An Incomplete Esrog on the First Day
37 An Incomplete Esrog on the Second Day (outside Israel)
37 Incomplete Esrog on the Other Days
37 Incompleteness of the Thin Outer Membrane
37 Doubt Concerning One Spot
37 Doubt Concerning an Esrog Top
37 Doubt Concerning Two or Three Places
38 Doubt Concerning Missing Upper and Lower Portions

A Hole in the Esrog 38-43

38 A Hole in the Upper Part of the Esrog
38 A Hole in the Broad Middle Part
38 A Hole in the Narrow Bottom Part
38 A Hole to the Indentation of the Stem
40 A Hole through the Bumps
40 A Hole from Early Stages of Development

Contents

	40 The Diameter of the Hole
	41 Determining the Location of the Seedbox Externally
	41 A Hole from a Thorn
	42 A Thorn Hole on the Upper Part
	42 Insect Holes
	42 An Insect Hole that is Not Visible
An Esrog in Which Some Peel is Missing 44-46	44 Peeling of the External Membrane
	44 Peeling of the Rind
	46 Peeling in the Upper Part
The Stem 47-49	47 The Entire Stem Falls Off
	47 Stem Hole Remains Covered
	49 Part of Stem Hole Remains Uncovered
Chazazis **50-54**	50 A Chazazis on the Upper Part
	50 A Chazazis on the Rest of the Esrog
	50 An Esrog with a Protuberance
Leaf-Marks 53-54	53 Leaf-Marks that Are Not Noticeable when Touched
	53 Leaf-Marks that Can Be Felt
	54 A Leaf-Mark that Can Be Removed
The Shape of the Esrog **55-68**	55 Vessel-like Shape
	56 As Round as a Ball
	57 An Esrog with Fingers
	58 Double Esrogim
	59 An Esrog with Two Pitams
	60 When the Pitam is Near the Stem
	61 The Pitam and the Stem Are Not Aligned
	62 The Upper Part is Cracked
	63 An Esrog with a Deep Indentation
	64 A Crooked or Bent Over Esrog
	65 A Yemenite Esrog
	66 A Moroccan Esrog
	67 A Belted Esrog
	68 A Hunchbacked Esrog

An Esrog Must Be Edible
69-70

69 An Esrog of Orlah
69 An Esrog of Tevel
69 An Esrog of Shemittah
70 An Esrog Sprayed with Pesticide

Part 2: The Lulav

The Ideal Lulav
76-104

Length of the Lulav 77-79

79 Hadassim Longer than 3 Handbreadths

Te'yomes 80-84

81 Single leaf
81 Width of the Doubled Te'yomes Leaf
82 The Top of One Te'yomes Leaf is Lower than the Other
82 A Split Te'yomes
83 One of Two Te'yomos Are Split
83 Two Separated Te'yomos
83 A Hemnik Split

A Cut-Off Top 85-91

85 Cut-Off Te'yomes
85 Amount Cut Off
86 Examination Distance
86 Clarifying Questionable Situations
88 Part of the Leaf is Cut Off
88 Only One Te'yomes Leaf is Cut Off
88 One of Two Te'yomos is Cut Off
90 A Lulav with Three Te'yomos
91 Broken Needle-like Point
91 Cut-Off Top after the First Day
91 The Entire Te'yomes is Cut Off

A Withered Lulav 92-93

92 A Withered Te'yomes
92 Minimal Dryness at the Top
92 Sunburned Leaf Tip

A Bent Lulav 94-98

94 Bent Leaves
94 Bent Central Leaf
96 Leaves Bent Back
96 Kavutz

	97	The Brown Covering
	97	Te'yomes Connected by Brown Covering
	98	Incomplete Shidrah
Male Lulav 99		
Canary Lulav 100-104	100	Identifying the Canary Lulav
	102	Identifying the Canary Palm

Part 3: The Hadassim

The Ideal Hadas **108-124**		
Triple-Leaved 110-111	110	Defining "One Level" for a Triple-Leaved Hadas
	110	A Bud Next to the Base
Length of the Hadas 112-117	112	The Length of a Hadas is Defined as the Length of the Stem
	112	The Length that Must Be Triple-Leaved
	115	Non-consecutive Triple-Leaved Majority
	116	Hadas whose Top is Not Triple-Leaved
	117	When the Top is Soft and Green
Leaves Lie on Top of Each Other 118-119		
Leaf Size 120-121	120	A Hadas with Large Leaves
	120	Tops of the Leaves Are Uneven
	121	One Leaf Above or Below the Others
	121	A Double-Leaved Hadas
An Intact Top 122-123		
A Withered Hadas 122-124	124	A Hadas that Ends in Two Stems
A Grafted Hadas 124		

Part 4: The Aravos

Signs of a Kosher Aravah **128-132**		
Saw-Like Serrations 128-132	129	The Opinion of Rashi
	129	The Rambam's Opinion
	132	An Aravah Tree with Several Types

The Ideal Aravah 133-143

Long and Narrow Leaves 134

Smooth Leaf Edges 135

A Red Stem 136
- 136 A Brown Stem

Length of the Aravah 136-137
- 137 The Preference for Aravos from Alongside a Brook

An Aravah with a Cut-Off Top 137
- 137 An Aravah with a Cut-Off Top Covered by a Membrane

Lavluv 138-140
- 139 When the Lavluv Falls Off

A Withered Aravah 140-141
- 141 Aravah Leaves that Droop

Missing Leaves 142
- 142 Some of the Leaves Fell Off

Stolen Aravos 143

An Aravah Without the Three Kosher Signs 143-149
- 144 Tzaftzafah
- 144 White Aravos
- 145 Weeping Willow
- 146 Chilfah Gilah
- 147 Acacia
- 148 Almond
- 149 Eucalyptus

Aravos for the Hoshana 150

Hebrew Appendix

Part One

The Esrog

"And you shall take for yourselves on the first day [of Sukkos] the fruit of the *hadar* tree…"(*Vayikra* 23:40)

T**HE TORAH** mandates taking the fruit of the *hadar* tree. It is not clear what the word *hadar* means. The Talmudic sages, for several reasons, understood *hadar* as referring to the citron, generally called by its Hebrew name, esrog (plural: esrogim). Among their reasons is that *hadar*, which means "beauty," also can mean "that dwells." Accordingly, the Torah mandates using the fruit *that dwells* on the tree all year round. For while most fruits have seasons in which they are found on their tree, the esrog may be found on the tree all year round.[1] Needless to say, in the millennium between receiving the Torah at Sinai and the Talmudic era, the Jewish people used an esrog each year. The Rambam, among others of the *Rishonim* period, asserts that there was an oral tradition dating back to Moshe at Sinai equating the esrog with the fruit of the *hadar* tree. Nevertheless, they explain, the Talmudic sages sought a Scriptural hint for the accepted definition.[2]

The Ideal Esrog

The following is a summary of the requirements for the ideal esrog. Each of these will subsequently be explained at greater length.

1. **That the tree on which it grows not be grafted to a different species.**

2. **That it have the requirements defined for *hadar* (beauty), such as being free of certain types of blemishes, and being whole.**

3. **That it have a certain minimum size.**

4. **That it have the general shape of an esrog:** broader at the bottom and narrowing towards the top, as opposed to round, which is not kosher.

5. **That there be no halachic reason to prohibit eating the esrog.**

The above are the minimum requirements for a kosher esrog.

The Ideal Esrog

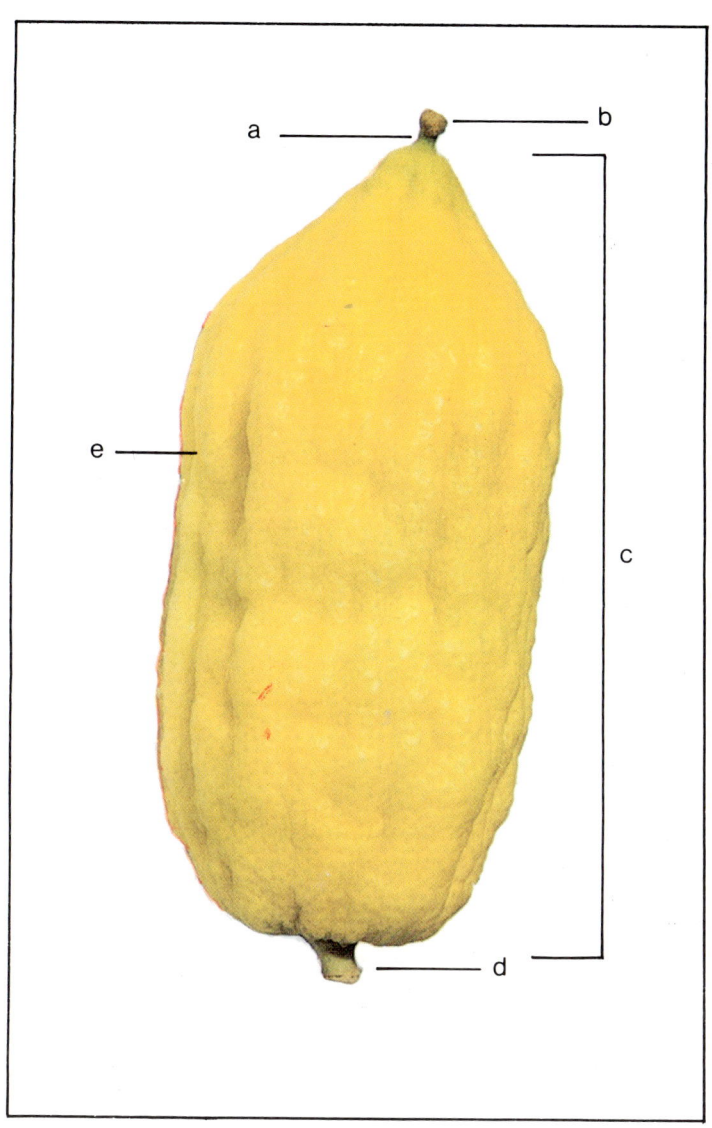

1. STRUCTURE OF AN ESROG: (a) *pitam*; (b) *shoshanta*; (c) body of the esrog; (d) *oketz*; (e) bumps and ridges.

There are additional elements that add to the quality of the esrog even if they are not absolute requirements. The following is a partial list.

1. **That it have a *pitam*** (*a*, FIG. 1).
2. **That the upper part** (as defined below on pp. 10-12) **of the esrog be free of any blemish whatsoever.**[3]
3. **That the *pitam* should be in a straight line with the stem** (the straight line between *a* and *d*, FIG. 1).
4. **That there be bumps and ridges** (*e*, FIG. 1) **on the esrog**, unlike the smoothness of a lemon. Even a small amount of bumps and ridges is sufficient.[4]

It is important to stress, however, that the major requirement is to be certain that there is nothing that would invalidate the esrog, and only then to seek beauty.[5] Thus, **an esrog that has the first five requirements, but is not blemish-free and/or is imperfect in its shape or appearance, is to be preferred to an esrog of perfect cleanliness, shape and appearance which may not be halachically acceptable.**

Grafting

The esrog tree is weak by nature and is susceptible to disease. Other members of the citrus family, such as the lemon, are hardier. Accordingly, branches of the esrog tree are sometimes grafted onto the stock of hardier trees of the citrus family. An esrog that is the result of such grafting may not be used.[6] One of the several reasons given for this is that the product is no longer considered an esrog.[7A]

Difficult Situations

A grafted esrog, or a later generation of the result of such grafting, may not be used even in situations in which no other esrog is available.[8] The same ruling applies to an esrog grafted onto the *chushchash* citrus tree (FIG. 2) on which some Israeli esrogim are grafted.[B]

2. A branch of the *chushchash* tree.

3. An esrog with bumps and ridges; a smooth lemon.

Differentiating between Grafted and Ungrafted Esrogim

The major difference between the two is that a grafted esrog is actually more similar to a lemon. An esrog differs from a lemon in that:

- **A lemon has a smooth skin, whereas the skin of an esrog is less smooth, containing bumps and ridges** (FIG. 3).

Part One: THE ESROG

4. An indented stem of an esrog.

5. *left*, esrog with thick white flesh; *right*, lemon with thin white flesh.

- **The stem of an esrog is generally recessed somewhat, whereas the stem of a lemon is not** (FIG. 4).
- **The white inner peel is thick in an esrog; thin in a lemon** (FIG. 5).

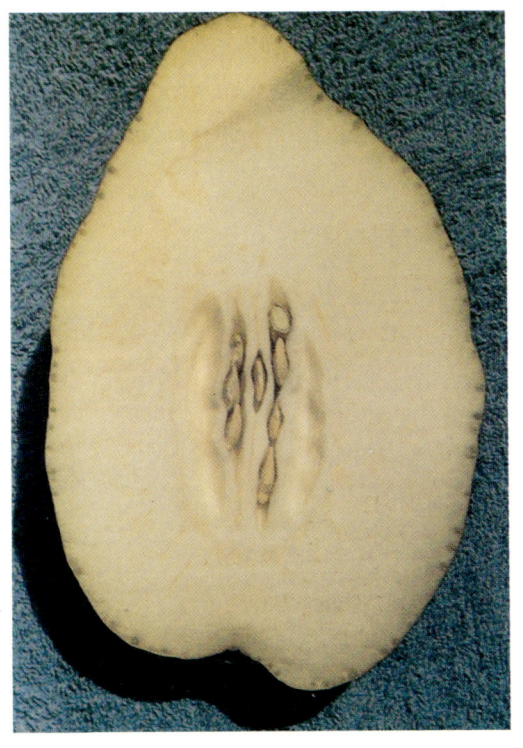

6. *above*, esrog with upright seeds; *right*, lemon with horizontal seeds.

- An esrog has little or no juice, whereas lemons are quite juicy.
- The seeds of an esrog stand vertically, whereas the seeds of a lemon lie either horizontally or on a slant (FIG. 6).[9]

These signs can be produced in grafted esrogim, as well, under certain circumstances. Therefore, signs cannot permit the use of an esrog for which there is no certified tradition that it was ungrafted.[10] **Accordingly, even an esrog with all the physical signs should not be purchased unless there is a certified tradition that it is neither grafted, nor a later generation result of grafting.**

☐ THE *HADAR* REQUIREMENT OF AN ESROG

An esrog must be characterized by *hadar*, as implied by the above-cited verse which prescribes the fruit of the *hadar* tree. While the literal definition of *hadar* is "beauty," the beauty of the esrog is not in the eyes of the beholder. Rather, the Talmudic sages were given the authority to define what constitutes *hadar*.[11] The requirements resulting from their definition will be discussed later.

Size

An esrog must be at least the size of an egg.[12] It is preferable to use an esrog the size of two eggs.[13] According to the Chazon Ish, an esrog that weighs at least 100 grams is considered the size of one egg, whereas according to the measurements of Rabbi Chaim Naeh, a weight of at least 57.6 grams is sufficient. It is highly preferable to exceed these minimum weights, however, specifically for esrogim picked right before Sukkos. These esrogim, often called "water esrogim," come from trees which are heavily irrigated, and once they are picked, they shrink rather quickly as a result of dehydration.[C]

7. A long and thin esrog.

A Thin but Long Esrog

A thin but long esrog (FIG. 7) is kosher, even if its circumference is less than that of an egg, providing that the length is sufficient to compensate. The true size requirement is the volume of an egg as measured by water displacement. Accordingly, small circumference or small length is irrelevant.[14]

An Esrog that Shrinks

If an esrog which had the proper volume shrinks (as a result of dehydration) **on the first, or any other,**[D] **day of Sukkos to less than the required volume, it should not be used.**[15] But if no other esrog is available, it may be used without reciting the *brachah*.[16]

The Chazon Ish, however, permits its use, as well as reciting the *brachah*. He explains that once it is considered to be a finished fruit, as it is at the given volume, shrinkage does not affect its permissibility.[17][E]

An Esrog that Will Shrink

An esrog of sufficient volume that can be expected to shrink during the holiday is kosher until it shrinks.[18]

Defining the Upper Part of the Esrog

It will presently become apparent that the ruling for the upper part of the esrog (*chotem,* literally "nose") is more stringent than for the rest of the esrog. This is so because it is the part that people generally see when they look at the esrog. The *Rishonim* disagree in their definitions of *chotem*.

The Opinion of Rashi

Rashi defines *chotem* as the line around the esrog at the part of the top in which the esrog begins to slope inwards (*a*, FIG. 8 and the black line drawn on FIG. 9). The rest of the top is not called *chotem*.[19] The line is clearly demarcated on the two illustrations, but is less clear on other esrogim in which an esrog might slope up on one side, and slope down at the same spot on the other side. Perhaps the line for those esrogim curves along with the curves of the esrog.[20]

The Opinion of the Rosh

According to the Rosh, the whole upward slope of the esrog (*b*, FIG. 8) is considered the *chotem*.[21]

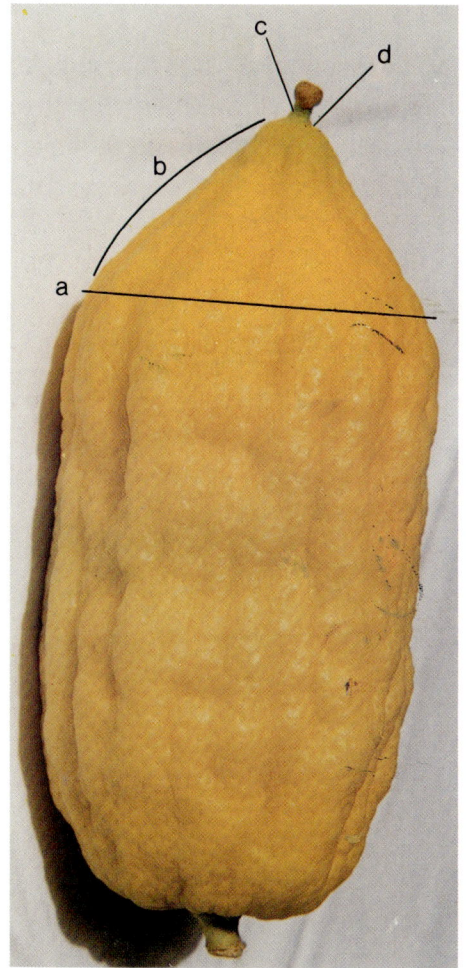 

8. THE *CHOTEM* OF THE ESROG:
(a) Rashi: the width where the slope begins;
(b) Rosh: the upper slope;
(c) Rambam: the style, or *dad*;
(d) Ran: beneath the *pitam*.

9. The *chotem* is the black line, according to Rashi.

The Opinion of the Ran

The Ran considers the topmost portion of the esrog, the part just under the *pitam* (*d*, FIG. 8), the *chotem*.[22]

The Opinion of the Rambam

The Rambam defines *chotem* as the green part (the style, or *dad*) of the *pitam* (*c*, FIG. 8).[23]

The Opinion Followed Today

The opinion generally followed today is in accordance with the ruling of the *Mishnah Brurah*: **The part that slopes upward, above the majority of the esrog, is considered the *chotem*.** Accordingly, anything on the lower half of the esrog cannot be considered the *chotem* even if the slope upwards begins there.[24]

An Esrog with a Double Upward Slope

It is difficult to define the *chotem* for an esrog with a double slope (FIG. 10).[F]

10. Double slope.

An Esrog's Color

The preferred colors for a kosher esrog are the color of wax, i.e., pale yellow[25] (FIG. 11), **gold,** which is a deeper version of wax-colored[26] (FIG. 12) and egg-yolk color.[27] Saffron color, which is a greenish yellow color approaching the color of wax (FIG. 13), **is also kosher.**[28]

Brown
Light brown is kosher, but dark brown is not (FIG. 14).[29]

Red
Red (FIG. 15) **is kosher,**[30] but only light red and not dark red.[31]

Black
Black[32] **and near-black** (FIG. 16) **are not kosher.**[33] FIG. 7 shows a small and immature esrog that turned black after a few days. There are no truly black esrogim today.

White
White is not kosher (FIG. 17).[34] After the first day, anything less white than an eggshell is kosher.[35]

Esrogim may occasionally be covered with insect eggs (FIG. 18) that leave a white mark when removed. The white mark can usually be washed off, but if it cannot be removed, it renders the esrog non-kosher. An esrog can also have a white spot on an area blocked from the sun by another esrog or by a leaf (FIG. 19). But when the entire esrog turns yellow, that part turns yellow as well. An esrog with such a spot is kosher.

Green
If an esrog is as green as grass (FIG. 20), **it is not kosher, unless part of it has begun to turn yellow.**[36] **It should not be used even if it will turn yellow in the near future. It may only be used once the color has begun to turn yellow** (FIG. 21).[37]

Part One: THE ESROG

11. Wax-colored.
12. Gold-colored.
13. Saffron-colored.
14. Brown.
15. Red.
16. Black.

Esrog Color

14

15

16

Part One: THE ESROG

17. White spots.

18. Insect eggs; their removal occasionally leaves white spots.

19. An esrog shielded from the sun, causing it to appear whitish.

20. An esrog as green as grass.   21. A green esrog beginning to turn yellow.

Forcing an Esrog to Turn Yellow

A green esrog may be forced to turn yellow in the following manner: It should be placed in a box, and surrounded by very fragrant yellow apples (FIG. 22). Several apples should be placed over the esrog, as well, and the box should be closed for twenty-four hours. This is generally sufficient for the esrog to begin to turn yellow. The esrog should not be left in the box more than twenty-four hours, however, as this can cause the stem to fall off.

22. Forcing an esrog to turn yellow.

Change in Color

A color change can make an esrog non-kosher even if it only covers a small portion of it. The ruling is dependent on the specific change and on its location:

A Color Change on the Upper Part

The smallest color change on the upper part (as defined on pp. 10-12) **renders the esrog non-kosher.**[38]

Color Changes

23. Three black spots around the width of an esrog.

A Color Change on the Lower Part

When a color change on the lower part of an esrog covers a majority of its area, it is not kosher.[39]

When it covers two or three spots (but less than a majority of the area), the Magen Avraham nevertheless considers the esrog non-kosher, if a majority of its circumference is between the first and last spot[40] (FIG. 23). The *Shulchan Aruch Ha-Rav* explains this ruling as applying to a majority of the circumference measured lengthwise as well, as in FIG. 24.[41] The Chazon Ish, however, considers the esrog kosher unless the area encompassing the three spots comprises a majority of the esrog, as in FIG. 25.[42]

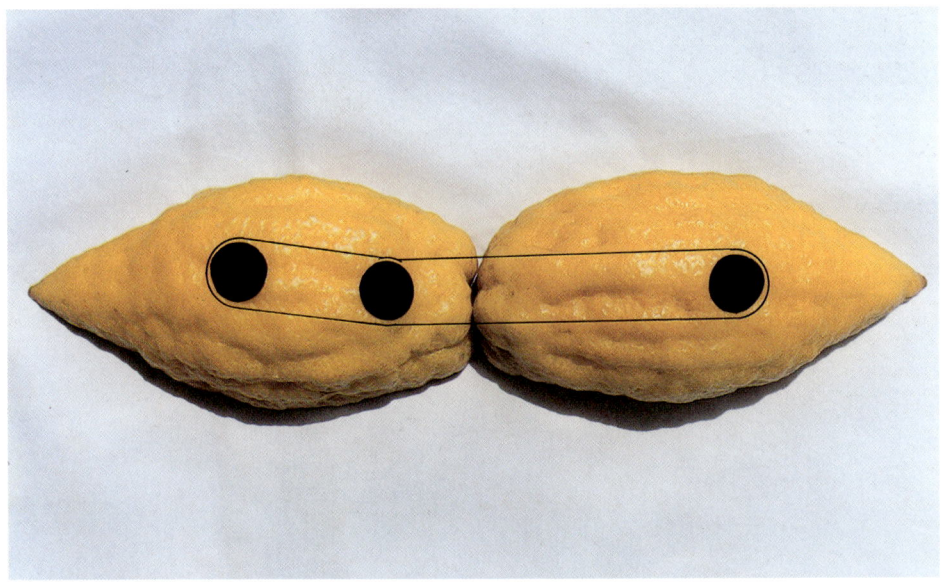

24. Three black spots around the length of an esrog.

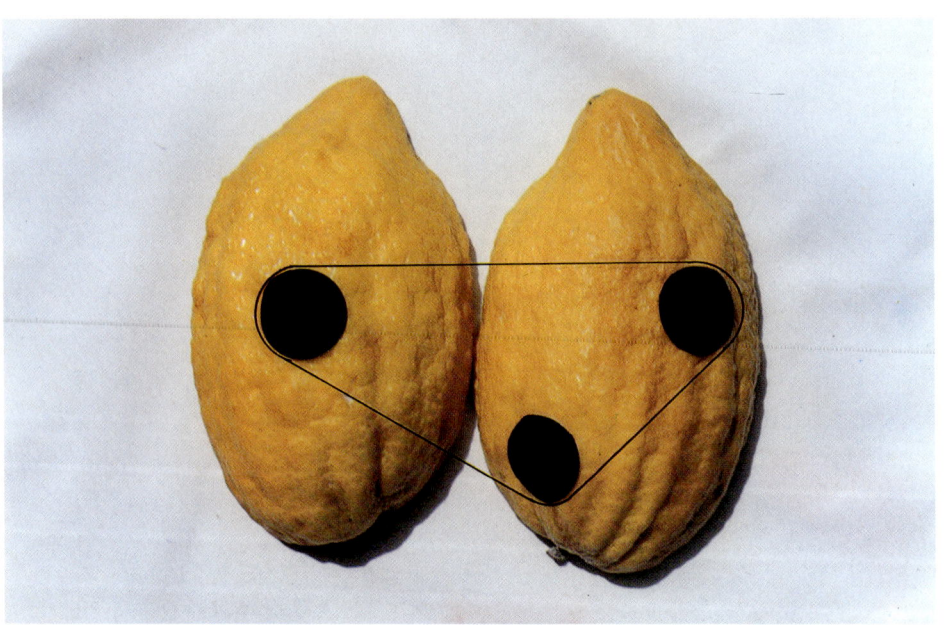

25. Three black spots covering a majority of an esrog's area.

26. A color change as a result of handling.

A Color Change as a Result of Handling

An esrog whose color changes as a result of rough handling before the holiday is not kosher[43] (FIG. 26). If, however, the color changes during the holiday because of rough handling due to mitzvah use, it is kosher.[44]

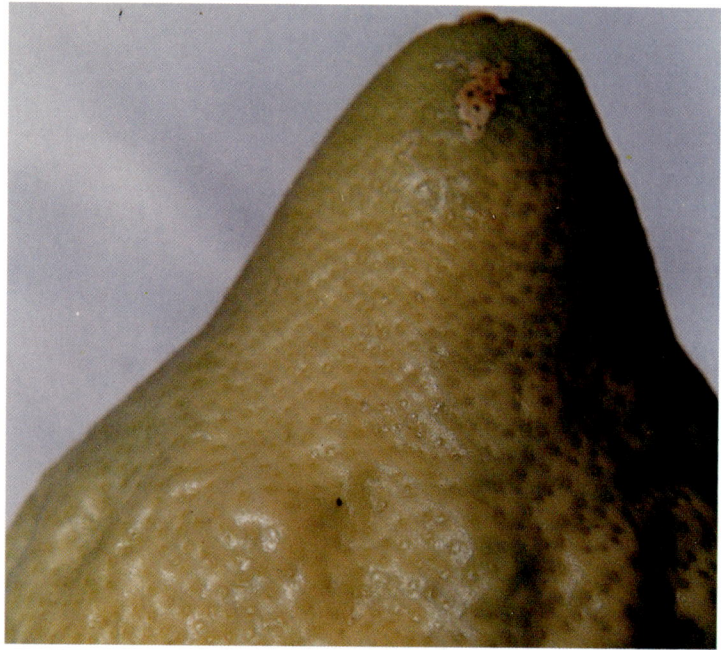

27. A black spot on the upper part.

A Black Spot

The smallest black spot (FIG. 27) **on the upper part of the esrog** (as defined on pp. 10-12) **renders it non-kosher. When the spot is on the lower part, however, it is kosher, unless there are several spots over an area that encompasses a majority of the esrog.** (See above, "A Color Change on the Lower Part.")

The color should be examined normally, i.e., without magnification. This applies both ways. Accordingly, if a spot appears to be brown under normal examination, but upon scrutiny with a magnifying glass it appears to be black, the esrog is kosher. By the same token, if under normal examination a spot appears to be black, but under magnification the spot is revealed to be brown, the esrog is nevertheless not kosher.[45]

Examination Distance

When examining an esrog, it should be held as far away from the eye as an esrog is normally held. It is not necessary to examine the esrog closer to the eye than that. This too applies whether the result is greater stringency or leniency, as above.[45]

A Black Dot from Spraying

If it can be removed, it is kosher; otherwise, it is comparable to other color changes discussed above.

Pesticide spray often dries into what appears in sunlight as black spots. When this can be removed, it should be removed and the esrog is, of course, kosher. When this cannot be removed, it effectively causes a color change on the esrog. The ruling for such an esrog would then depend upon the location of the color change, as discussed above.

A Black Dot on a Leaf-Mark

It is unclear whether or not a black spot on a leaf-mark (FIG. 28) (discussed on p. 53) is kosher.[G]

28. Black spots on top of leaf-marks.

29. Dark green splotches.

Dark Green Splotches on Part of the Esrog

An esrog with very dark green splotches on it (FIG. 29) has the same ruling as an esrog with any other color change discussed above.[H]

30. The *pitam*.

The *Pitam*

The *pitam* is the protuberance that is often found on the top of an esrog (FIG. 30). It develops as follows: The esrog fruit grows from a fertilized blossom. At the center of the blossom is the pistil, surrounded by the pollen-bearing stamens (*b*, FIG. 31). Upon fertilization, the stamens dry up along with the rest of the blossom, and the ovary at the bottom of the pistil begins to form the fruit (*c*, FIG. 31). The rest of the pistil is the *pitam*. It is comprised of two parts, the style and the stigma. The style (referred to as the *dad*) is the central, stick-like portion, and the stigma is the rounded top portion (referred to as the *shoshanta*). The *pitam* generally dries up (*d*, FIG. 31) and falls off the esrog in the very early stages of its development (*e*, FIG. 31). Occasionally, the *pitam* falls off at a later stage, either naturally or because it is knocked off in some way. Only a very strong *pitam* will remain on the esrog until maturity.

Part One: THE ESROG

31. GROWTH STAGES OF AN ESROG: (a) the blossom; (b) a fertilized blossom with a tiny *pitam* at its center; (c) a *pitam* on top of a baby esrog; (d) the *pitam* begins to wither; (e) the *pitam* falls off.

32. *on the right*, a tiny esrog with a *pitam*; *on the left*, the *pitam* fell off at an early stage. Note the groove where the *pitam* joined the esrog.

The Pitam

33. An esrog with a fallen *pitam*, showing the groove around the top.

34. An indentation in place of the *pitam* in an immature esrog.

35. An indentation in place of the *pitam* in a mature esrog.

36. An immature esrog without an indentation in place of the *pitam*.

A *Pitam* that Fell Off from Natural Causes while on the Tree

There is controversy as to whether an esrog whose *pitam* fell off while on the tree is kosher. Some permit its use only when there is a groove around the absent *pitam* (FIGS. 32, 33), indicating that it fell off at a very early stage. Others permit it at any stage of growth, provided that it fell as a result of natural causes. Still others do not permit the use of such esrogim.[I]

An indentation in the top of the esrog (FIG. 35) **indicates that the *pitam* fell off at the earliest stages of the esrog's growth. Such esrogim are kosher according to most opinions.**[46] (FIGS. 34, 35)

A *Pitam* that Fell Off as the Result of a Blow while on the Tree

When the esrog is still on the tree, if the *pitam* falls off as a result of a blow, rather than drying out, the esrog is considered incomplete (see p. 36).

The general ruling for such an esrog is that it may not be used, unless:

- the breakage occurred on the tree, and
- the part that is missing is covered with scar tissue.[47]

The Pitam

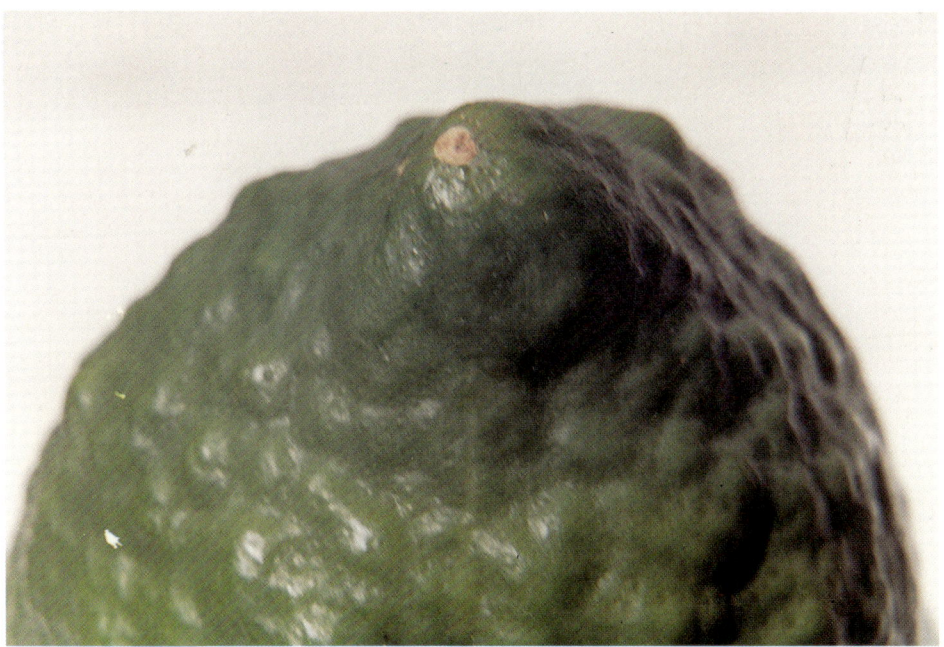

37. A *pitam* remnant that rises somewhat above the surface.

This scar tissue is generally brown or beige, and is readily discernible as a scar. Accordingly, **if there is beige or brown scar tissue at the place of the absent *pitam*, the esrog is kosher.**

An esrog with a broken *pitam* is kosher when the *pitam* remnant rises minimally above it and is covered with beige scar tissue (FIG. 37), and certainly when the *pitam* remnant rises further above the esrog and is covered with beige scar tissue (FIG. 38). It goes without saying that when the entire *dad* (style) is present and is covered with beige scar tissue (FIG. 39), the esrog is kosher.

On the other hand, if the *pitam* is knocked off after it is picked (or very close to that time) no scar tissue will form. In that case, the color starts off green or white, the color of the *pitam* itself. Within twenty-four hours it will turn brown (with no scar tissue) and then turn black. In that case, there are circumstances that permit the use of such an esrog, and circumstances that prohibit its use.

38. A *pitam* remnant covered with scar tissue.

39. A *dad* remnant covered with scar tissue.

A Partly Broken *Pitam*

The following discussion refers to three basic descriptions of a broken *pitam*:

1. a *pitam* surrounded by brown that is not scar tissue (FIG. 40)
2. a broken *pitam* with white on the inside and no scar tissue (FIGS. 41, 42)
3. a broken *pitam* that turns black (FIG. 43).

The Pitam

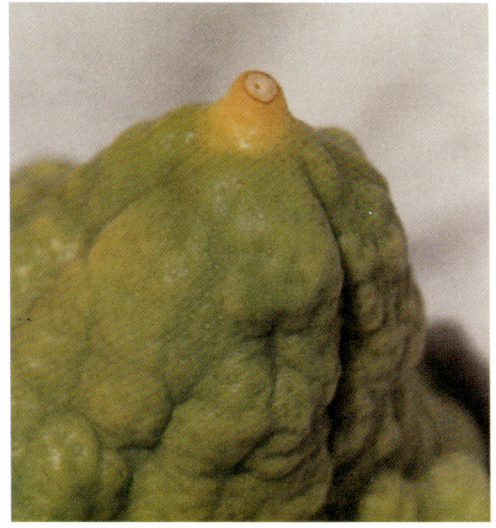

40. Brown surrounding the broken *pitam*.

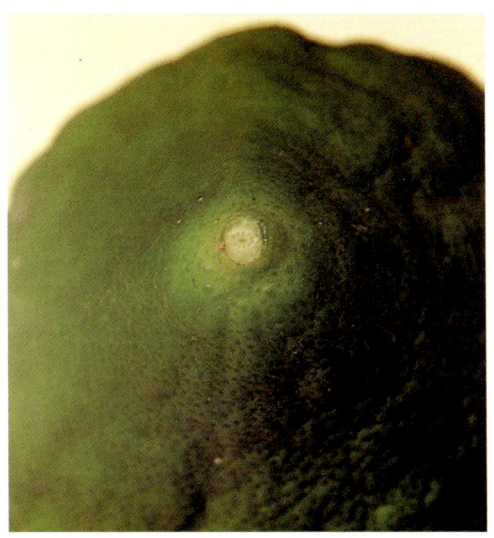

41. White inside the broken *pitam*.

42. White inside the broken *pitam*, side view.

43. A blackened *pitam* remnant.

If any part of the *pitam* remains above the esrog level (FIGS. 40, 41), **it is technically kosher.**[48] Nevertheless, since some are more stringent concerning this point, it is preferable to acquire a different esrog.[49J]

A *Pitam* that Breaks Off in its Entirety

If the entire *pitam*, including the part inside the esrog, breaks off (FIG. 44), it is not kosher.[50]

A *Pitam* Broken until the Top of the Esrog

If no part of the *pitam* remains above the esrog level (FIG. 45), it is not kosher.[51]

Part of the Width of the *Pitam* is Broken

If part of the width of the *pitam* (as opposed to its height) **is broken, the esrog is kosher as long as the remnant covers the hole and every part of the *pitam* remains above the level of the esrog.**[52]

However, if any part of the top of the esrog is not covered by a *pitam* remnant, it is not kosher.[53,54]

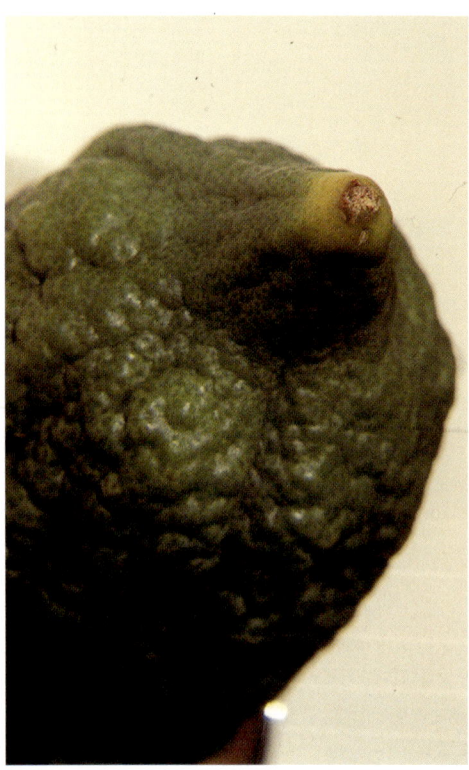

44. The *pitam* is also missing internally.

45. The *pitam* is missing until the top of the esrog.

Doubt as to Whether the *Pitam* Had Fallen

When there is doubt whether the *pitam* had fallen off naturally or been broken, the esrog can be ruled kosher.[55]

A Broken *Pitam* after the First Day

It is preferable not to use an esrog whose *pitam* broke after the first day, in a manner that would have made it non-kosher on the first day.[56]

A Hole Deep into the *Pitam*

A hole deep into the *pitam* should be examined. **If the hole reaches the seedbox** (see p. 39), **it is not kosher; otherwise it is kosher** (providing that nothing is missing from the esrog).[57]

46. A hole deep into the *pitam*.

This is very common in Yemenite esrogim, which have no *pitam* and just have a crevice (FIG. 46).

Whether the hole reaches the seedbox can be determined by gently putting a pin into the hole and seeing if it reaches the external sign discussed on p. 41, for the location of the seedbox.

A Black Spot on the *Pitam*

If a black spot is found on the part of the *pitam* just barely above the level of the esrog (FIG. 47), **the esrog should be considered non-kosher.**[58]

If the black spot is found above that level, the esrog may be used, since if that entire part were removed the esrog would still be usable, as discussed above.[58K]

47. A black spot on the *pitam*.

A Broken Off *Shoshanta*

An esrog is kosher if just the *shoshanta* (the stigma) breaks off from the top of the *pitam* (FIG. 48). Nevertheless, it should be exchanged for a better esrog, where available, in deference to the Ran's interpretation of the Rif's opinion that disqualifies an esrog whose *shoshanta* breaks off. It may be used, however, if no better esrog is available.[59]

If part of the rest of the *pitam* breaks off, it is advisable to acquire a different esrog, where possible, as discussed above on page 31.

48. A broken *shoshanta*.

An Incomplete Esrog

Two reasons are given for the problematic nature of an incomplete esrog. The first reason is that the verse cited at the beginning of this chapter begins with the Hebrew word *lekachtem*. This is understood to refer to the requirement of *lekichah tamah*, a "complete taking," on the first day. If anything is missing from the esrog itself (as opposed to the *pitam* discussed above) it is not a *lekichah tamah*.[60] Others explain that if anything is missing from the esrog, the fruit lacks its *hadar* (beauty).[61]

An Incomplete Esrog on the First Day

If even the tiniest quantity is missing from an esrog (FIGS. 49,50) **on the first day of Sukkos, it may not be used**.

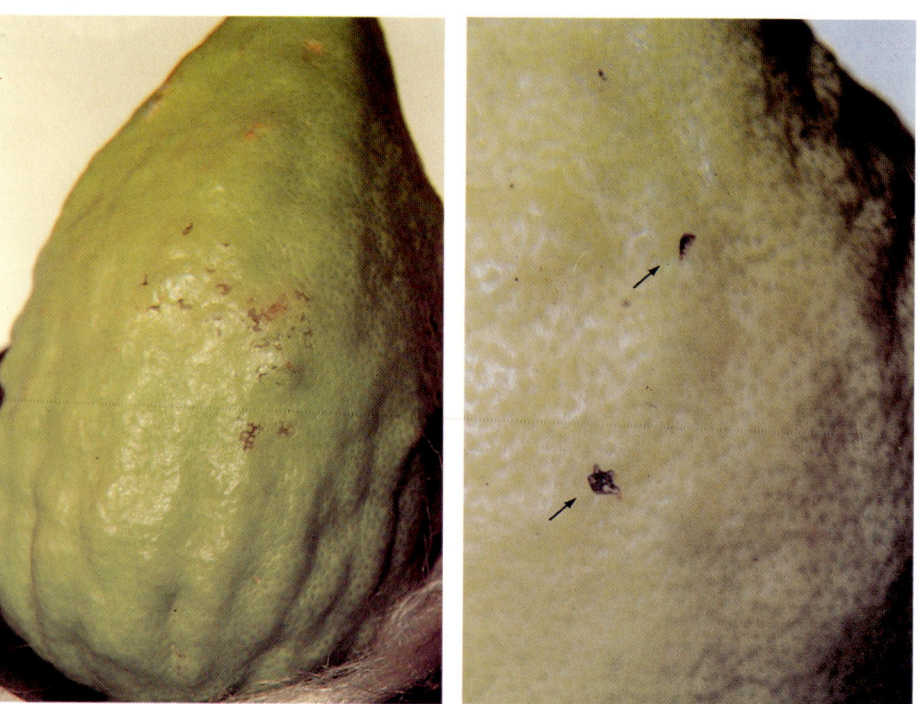

49, 50. An incomplete *esrog*. Portions of the rind are missing.

An Incomplete Esrog on the Second Day (outside Israel)
An esrog missing a tiny amount is kosher on the second day of the holiday.[62]

An Incomplete Esrog on the Other Days
An incomplete esrog is kosher on the other days,[63L] **even if a piece is missing on the upper part** (defined on pp. 10-12).[64 M]

Incompleteness of the Thin Outer Membrane
On page 44 it will be explained that an esrog is kosher even if part of the thin outer membrane peels off.

Doubt Concerning the Completeness of an Esrog in One Spot
When it is unclear whether a small part of an esrog is missing, the esrog is nevertheless kosher (but see the following paragraph). This permission is based upon the principle that a doubt within a doubt (*sfek sfeka*) is permitted. In this case, there is doubt whether part of the esrog is missing. Yet, even if it were missing for sure, there is a second doubt that perhaps we follow the ruling of those who prohibit an esrog only when the missing portion is the size of a small coin (*issar*).[65]

Doubt Concerning the Completeness of an Esrog Top
When the doubt relates to the top portion of the esrog (*d*, FIG. 8), the esrog is not kosher. That part is certainly considered the "upper part of the esrog" (see pp. 10-12) which has far stricter rulings than the rest of the esrog. Accordingly, the *sfek sfeka* is greatly weakened. Nevertheless, one can be lenient concerning the rest of the upper portion (*b*, FIG. 8).[66]

Doubt Concerning the Completeness of an Esrog in Two or Three Places
Providing that the doubt concerning completeness relates to a minority of the esrog (other than the upper part), it is kosher. In this case, the opinion among the *Rishonim* that permits two or three missing parts when it covers a minority of the esrog comprises the second doubt.[67]

Doubt Concerning Missing Upper and Lower Portions

If there is doubt concerning the upper portion (*b*, FIG. 8), as well as the lower portion, it is not kosher even if only a minority of the esrog is covered.⁶⁷

☐ A HOLE IN THE ESROG

The following discussion refers only to a hole in which nothing is missing (just pushed inside). The rulings for a hole in which something is missing were discussed above.ᴺ

A Hole in the Upper Part of the Esrog

Any hole in the upper part of the esrog (*a*, FIG. 51) **renders the esrog non-kosher on the first day of Sukkos.**ᴼ

On the other days such an esrog is kosher.⁶⁷ ᴾ

A Hole in the Broad Middle Part of the Esrog

An esrog with a hole in the broad middle part (between *c* and *f* in FIG. 51) is not kosher when either of the following two circumstances exist:

- the hole goes in one side of the esrog and out the other, or
- the hole reaches the seedbox (oval, FIG. 51).⁶⁸

A Hole in the Narrow Bottom Part of the Esrog

An esrog with a hole in its narrow bottom part (below *f*, FIG. 51) is kosher, unless the hole is from one side to the other.⁶⁹

A Hole to the Indentation of the Stem

An esrog with a hole from one side of the esrog to the indentation around the stem is kosher, because that is not considered a hole from one side to the other.⁷⁰

An Incomplete Esrog

51. (a) a hole in the upper part; (b) a hole from one side to the other; (c) the seedbox ends where the upward slope begins; (d) a hole that does not reach the seedbox; (e) a hole that reaches the seedbox; (f) the seedbox ends where the downward slope begins; (g) a hole in the stem indentation; (h) a hole in the top that doesn't reach the seedbox.

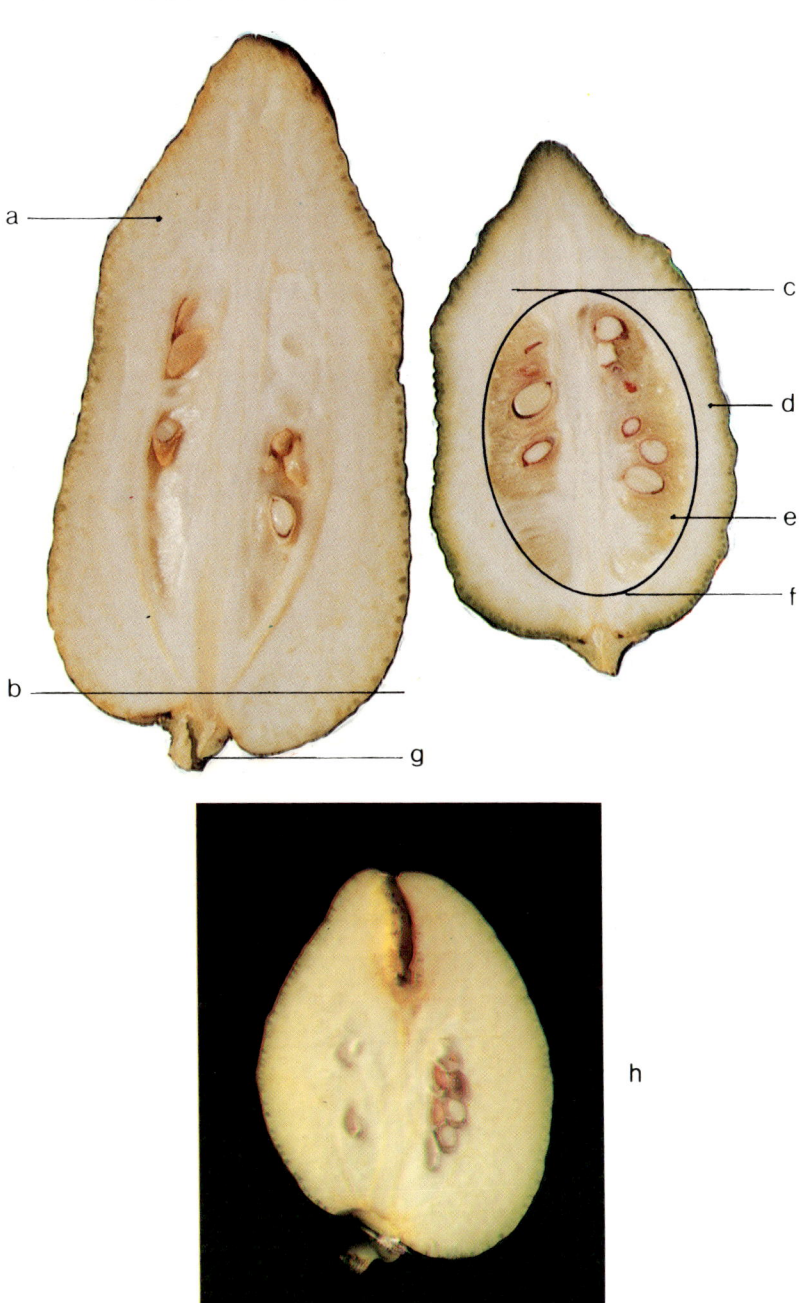

A Hole through the Bumps of the Esrog

An esrog is kosher even if the hole goes completely through a bump on one side (FIG. 52).[71]

A Hole from Early Stages of Development

An esrog with a hole that reaches the seedbox is not kosher even if the hole is the result of natural causes in its early stages of development.[72]

The Diameter of the Hole

There is no minimum diameter for a hole to render an esrog not kosher, and this applies even if the hole is not discernible.[73] Q

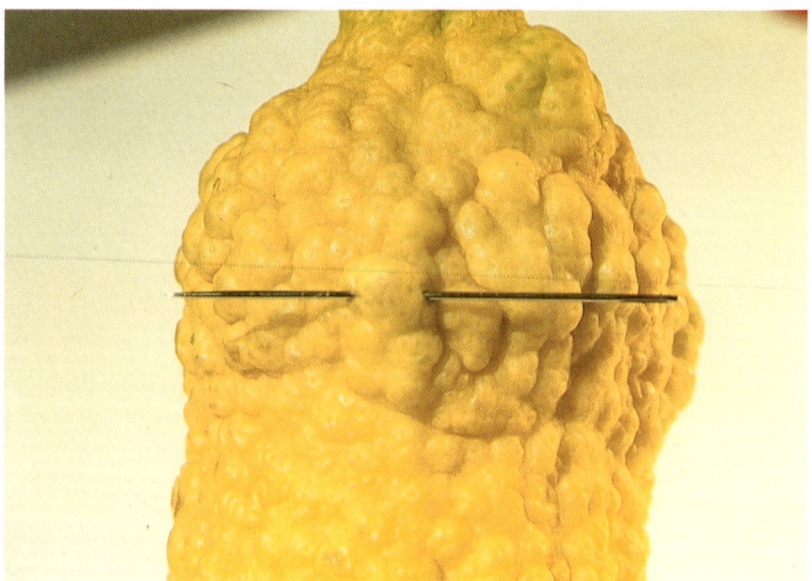

52. A hole in a bump.

Determining the Location of the Seedbox Externally

Figure 51 indicates how to determine externally where the seedbox is. **An esrog generally has a broad central portion** (between c and f in FIG. 51) **that slopes upward** (above c) **and downward** (below f). **The seedbox is in this broad central portion.**

Accordingly, an esrog with holes above and below this central portion is kosher unless the hole goes from one side to the other. On the other hand, any hole in the central portion could conceivably reach the seedbox, especially since many of our esrogim have a relatively thin inner white section. Such an esrog is not kosher.

A Hole from a Thorn

An esrog that has a hole caused by a thorn while it was on the tree (FIG. 53) **is kosher, providing that the entire area of the hole is fully covered by scar tissue** (FIG. 54).[74 R]

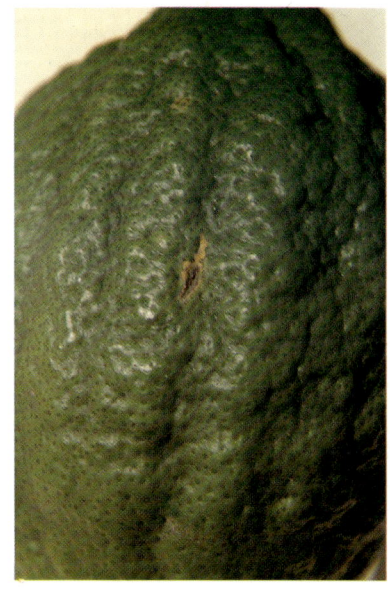

53. A thorn causing a hole in an esrog.   54. A scar over a thorn hole.

A Hole from a Thorn on the Upper Part

It is unclear if an esrog with a thorn hole on its upper part (as defined on pp. 10-12) can be used, even if it is fully covered with scar tissue.[75]

Insect Holes

Mites and thrips often infest esrogim. (See the white powder-like covering, FIG. 55 and the area pointed to, FIG. 56). **If the resultant hole can be seen, even if only after much scrutiny, the esrog is considered incomplete and is thus non-kosher.**[76] Furthermore, an esrog containing a mite will often be considered non-kosher because of the white covering.

An Insect Hole that is Not Visible Externally

An insect can sometimes be found inside esrogim that appear to have a black spot (FIG. 57). Careful scrutiny is necessary to determine whether any external part is missing. If the hole is fully covered by black scar tissue (see above, p. 29), then the esrog is kosher (provided that the black spot is not in the upper part of the esrog [see above, pp. 10-12]) despite the fact that it is incomplete on the inside.[77]

55. The powder-like signs of mite infestation.

56. Thrips infestation.

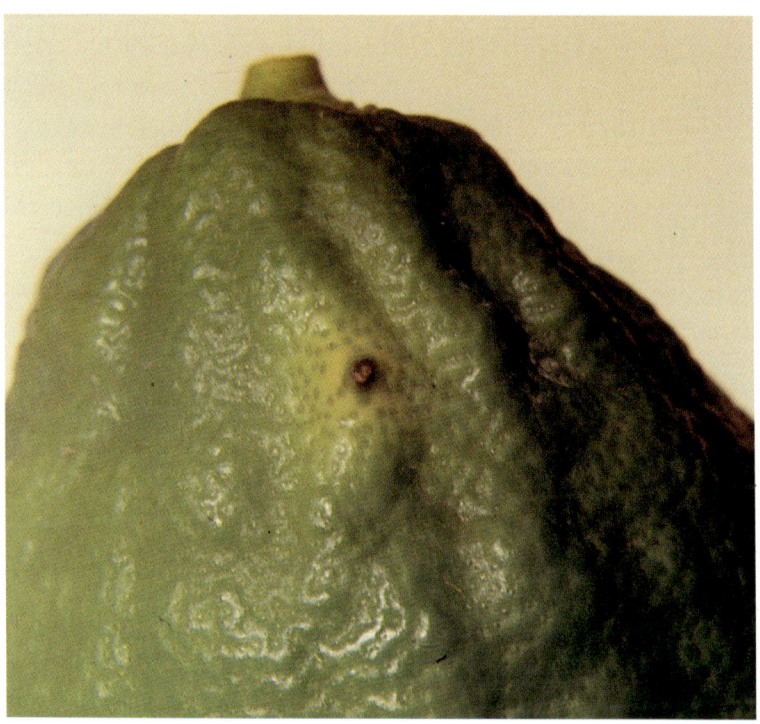

57. The black external sign of an insect in an esrog.

☐ AN ESROG IN WHICH SOME PEEL IS MISSING

There are several skins to an esrog:
1. the external membrane that gives the sheen to the esrog,[78]
2. the green (or yellow) rind,
3. the white fleshy matter beneath it, and
4. the membrane surrounding the seedbox (as with oranges, where the edible part is the seedbox).

Peeling of the External Membrane

An esrog is kosher even if part of the external membrane peels off.[79] This applies even when some juice is emitted, despite the fact that when that juice dries, a brownish spot results (FIG. 58). Nevertheless, it is advisable to thoroughly wash an esrog as soon as the external membrane is punctured, to prevent the acidic juice from causing a brown spot.

Peeling of the Rind

An esrog in which part of the rind is missing, so that the underlying white flesh is visible (FIG. 59), has the ruling of an incomplete esrog (see p.36).[80S]

If part of the rind of an esrog is missing, but the general esrog color remains (FIG. 60), **it is kosher.**[81]

On the other hand, if the color changes to a non-kosher color such as white, black, or dark brown, it is not kosher.[82]

In practice, the color change may only become apparent twenty-four hours later. Since some unscrupulous merchants remove part of the rind to

---

Each of the Four Species symbolizes unity and harmony:

...The esrog remains on the tree from year to year so that the young and old dwell together.

(from the Siddur of the Baal Ha-Tanya)

An Incomplete Esrog

58. A brown mark indicating juice that came out as a result of a blow.

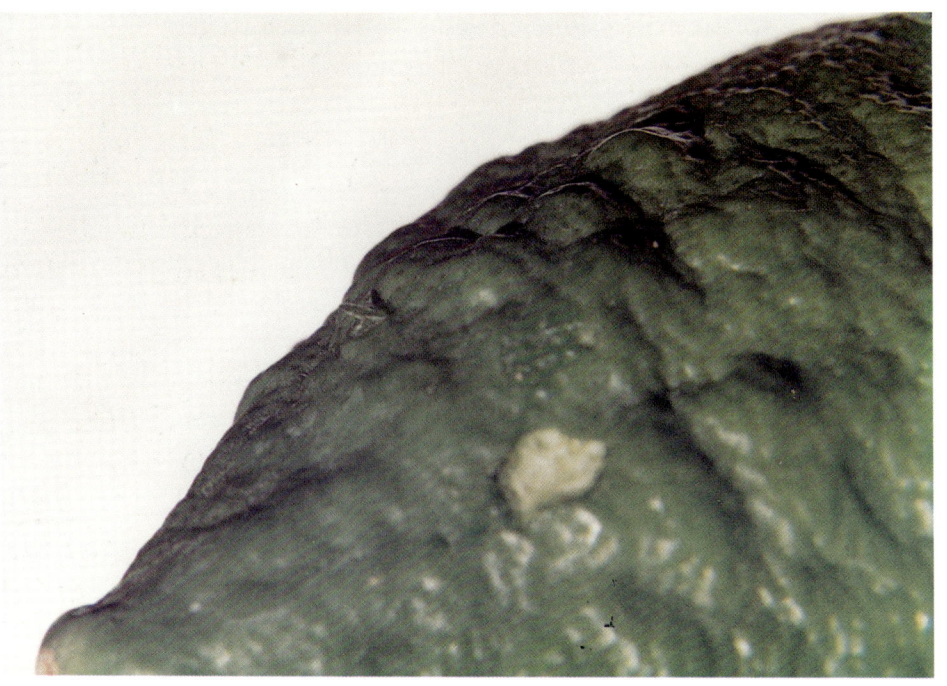

59. Part of the rind is missing, revealing the white flesh.

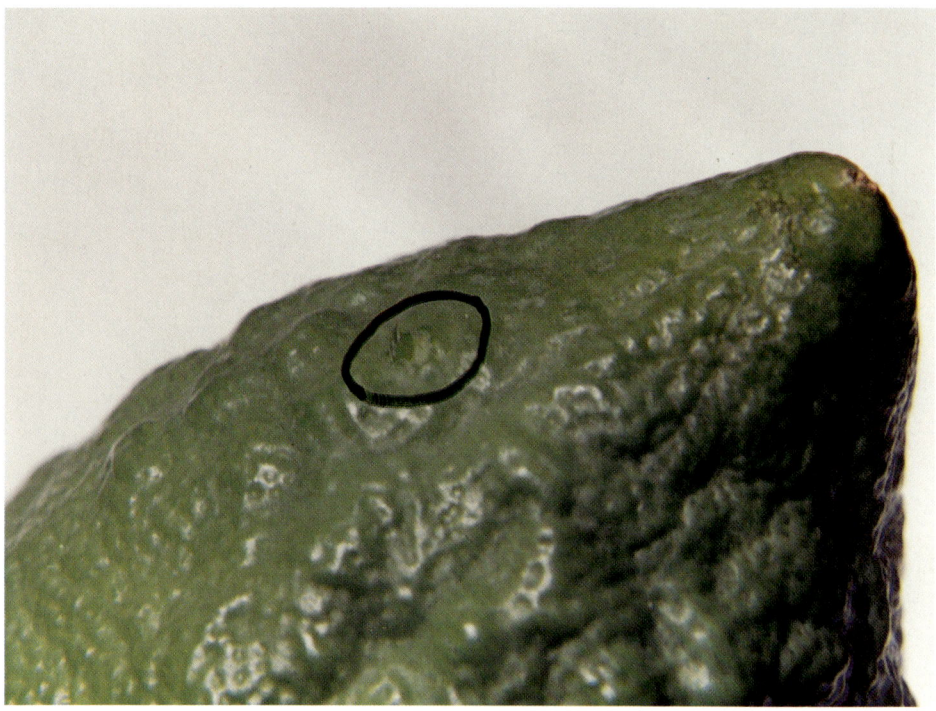

60. Part of the rind is missing, but the esrog color remains.

eliminate a black spot or the like, and since a resultant color change will not immediately become apparent, such examinations should be made only twenty-four hours after purchase.

However, if the color changes to a kosher color, the esrog may be considered an esrog with a *chazazis* (see p. 51). It can be used, nevertheless, even for circumstances that are not kosher for *chazazis*, but only if it is difficult to find a replacement.[83]

Peeling in the Upper Part

As long as the esrog color remains, the esrog is still kosher even if the upper part of the esrog peeled.[84T]

61. The *oketz*.

☐ THE STEM

An esrog is connected to the tree by its stem, known in Hebrew as the *oketz* (FIG. 61). The stem is recessed into some esrogim and not into others. In either case the esrog is kosher. It is not clear whether the entire stem is considered part of the esrog.[U]

The Entire Stem Falls Off

If the entire stem falls off, leaving the stem hole completely uncovered (FIG. 62), **the esrog is not kosher.**[85]

The Stem Falls Off but the Stem Hole Remains Covered

As long as the stem hole is fully covered, a stemless esrog (FIG. 63) **is kosher.**[86] If only the outer part of the stem falls off (FIG. 66), the esrog is certainly kosher.

62. No *oketz,* with an uncovered stem hole.

63. No *oketz,* with a covered stem hole.

64. No *oketz,* with a partly covered stem hole.

65. A crevice in the covered stem hole.

66. An incomplete *oketz*.

Part of the Stem Hole Remains Uncovered

If even part of the stem hole remains uncovered (FIG. 64), **the esrog is not kosher.**[V]

Several authorities prohibit the use of an esrog in which the stem hole is covered all around the edges, but there remains a crevice in the center[87] (FIG. 65); however, further examination of this ruling is required.[W]

Chazazis

A *chazazis* is a scab-like protuberance on the skin of the esrog (FIGS. 67-69) **that generally indicates disease.**[88] It is rarely found on esrogim today and will thus be discussed only briefly. A fuller discussion may be found in chapter 9 of the Hebrew section of this book.

A *Chazazis* on the Upper Part

The tiniest *chazazis* on the upper part of an esrog (as defined, pp. 10-12) **renders the esrog not kosher.**

A *Chazazis* on the Rest of the Esrog

Even if there are *chazaziyos* on two or three spots on the rest of the esrog, it is kosher, as long as they are all on the same side.[89] If they are on both sides, it is still kosher, unless it covers a majority of the esrog.[90]

As to what constitutes a majority, the opinions of the later authorities are as follows (as mentioned above, p. 19).

- MAGEN AVRAHAM—A majority refers to a majority of the circumference around the width of the esrog, as in FIG. 23.[40]

- SHULCHAN ARUCH HA-RAV—A majority of the circumference around the length of the esrog, as in FIG. 24, also constitutes a majority.[41]

- CHAZON ISH—A majority of the circumference, whether around the length or the width, is insufficient to disqualify the esrog. A majority applies only when the area encompassed by a string surrounding the spots comprises a majority of the esrog, as in FIG. 25.[42]

An Esrog with a Protuberance

It is unclear whether a protuberance of the same color (FIG. 70) as the rest of the esrog constitutes a *chazazis*.[x]

67. A black *chazazis*.

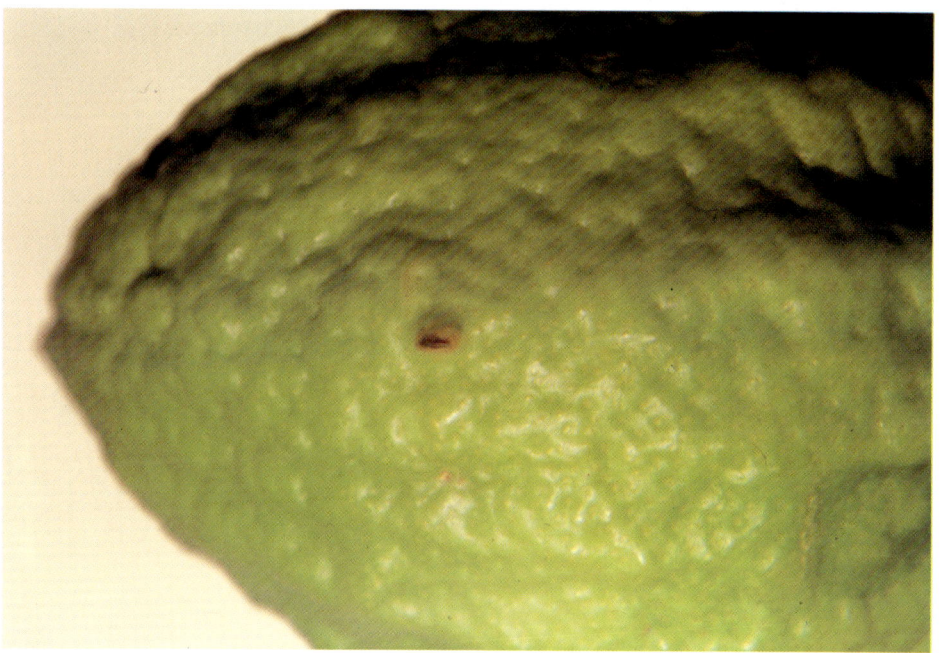

68. A *chazazis*; a scab-like, liquid-filled protuberance.

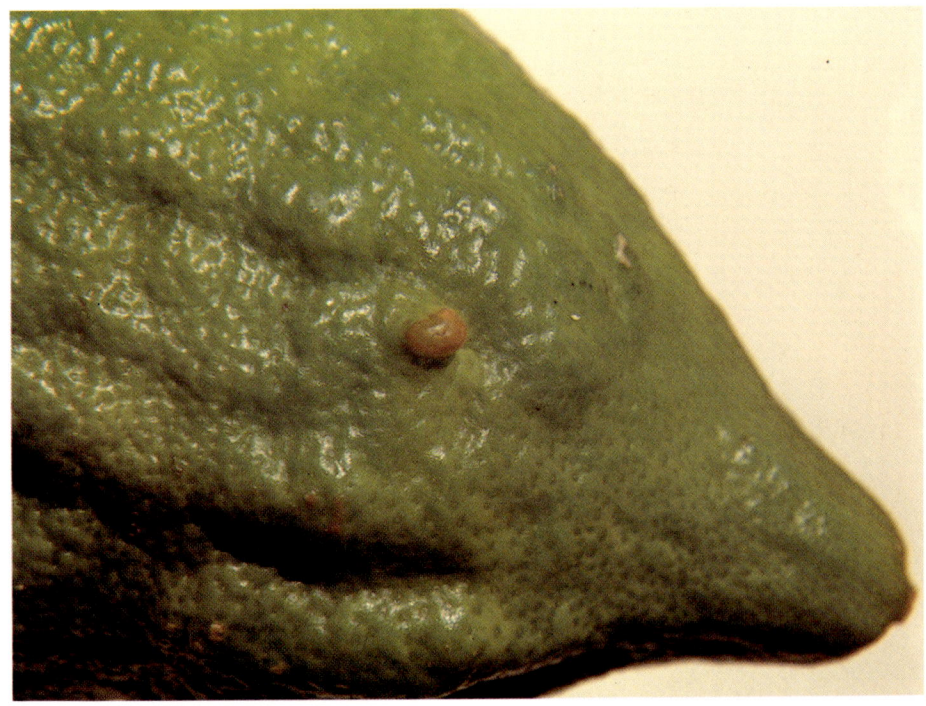

69. A *chazazis*; a protuberance filled with pus-like matter.

70. A protuberance that is neither pus-filled nor black.

☐ LEAF-MARKS

"Leaf-marks" is a loose translation of the colloquial Yiddish *bletlach*, although "thorn-marks" would be a more accurate description. They are beige marks that are the result of the natural healing process when the skin of the developing esrog is pierced by a thorn.[91] Depending upon the circumstances, the mark may sometimes be noticeable when touched, and sometimes feel no different than the rest of the esrog.

Ideally, an esrog should be completely clean, even with respect to leaf-marks, at least on its upper part (as defined, pp. 10-12).[Y]

Leaf-Marks that Are Not Noticeable when Touched

An esrog with leaf-marks that are not noticeable when touched, is kosher[92] (though not ideal).[Z] This ruling applies even when the leaf-marks are on the upper part (as defined, pp. 10-12) or when a majority of the esrog is covered by them.[93]

Leaf-Marks that Can Be Felt

Some early authorities treat a leaf-mark that can be felt (FIG. 71) as if it is a *chazazis*.[94] Others do not, since it is a normal esrog phenomenon.[95] As a result, **the *Mishnah Brurah* permits using an esrog of this type when it**

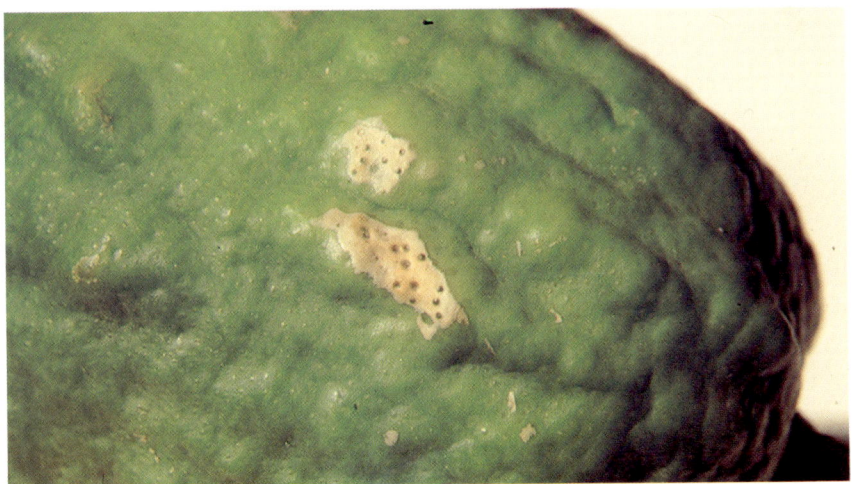

71. Leaf-marks that can be felt.

would have been prohibited had it in fact been considered as a *chazazis*, but only when it is difficult to obtain another esrog.[96] Thus, an esrog which has several such leaf-marks around the stem (FIG. 72) should be avoided.[97] **Others, however, consider esrogim with such marks fully kosher.**[98]

Occasionally, a hole in the esrog is covered with tree sap, so that it resembles a leaf-mark (FIG. 73). This is certainly not kosher.

A Leaf-Mark that Can Be Removed

When a leaf-mark can be removed without making the esrog incomplete, it should be removed and the esrog is kosher.[AA]

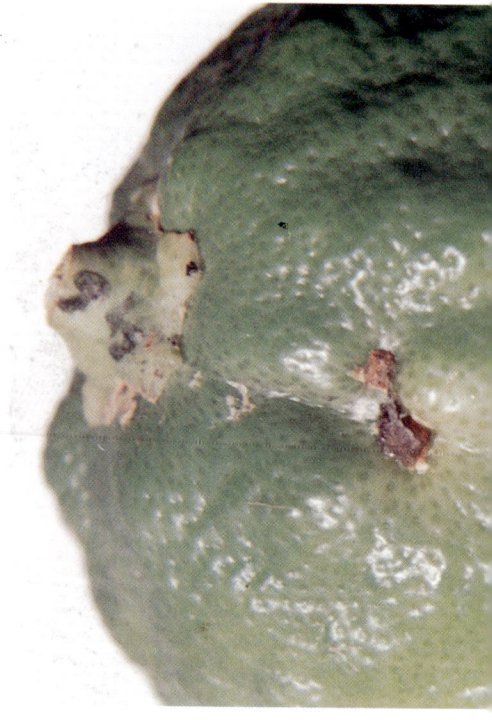

72. Leaf-marks that can be felt, surrounding a majority of the *oketz* area.

73. A hole covered by tree sap, that resembles a leaf-mark.

The Shape of the Esrog

Vessel-like Shape

It is advisable not to use an esrog that has no slope (FIG. 74), i.e., it has virtually the same diameter from top to bottom.[99]

74. Vessel-shaped.

56 *Part One*: THE ESROG

As Round as a Ball

An esrog as round as a ball (FIG. 75) **is not kosher.**[100]

75. Ball-shaped.

An Esrog with Fingers

An esrog with finger-like protrusions (FIG 76) **is not kosher.**[101] (The picture illustrates the problem of double esrogim as well.)

76. An esrog with finger-like protrusions.

58 *Part One*: THE ESROG

Double Esrogim

A double esrog (FIG. 77) should preferably not be used.[102]

77. A twin esrog.

An Esrog with Two *Pitams*

An esrog with two *pitams* (FIG. 78) **is kosher.** It is problematic only if one of the *pitams* falls off.[103]

78. An esrog with two *pitams*.

When the *Pitam* is Near the Stem

An esrog whose *pitam* is right next to the stem (FIG. 79) **is not kosher,** since it is apparently no better than an esrog that is as round as a ball.

79. An esrog with the *pitam* adjacent to the *oketz*.

Shape of the Esrog

The *Pitam* and the Stem Are Not Aligned

When the *pitam* and the stem are not aligned (FIG. 80)**, the esrog is kosher,** but, according to one opinion, not ideal.[104]

80. An esrog whose *pitam* and *oketz* are not fully aligned.

The Upper Part is Cracked

When the upper part of an esrog is cracked as a result of natural development (FIG. 81), **it is kosher.**[105] Otherwise, see *Shulchan Aruch* 648:5.[106]

81. A crack in the upper part.

An Esrog with a Deep Indentation

An esrog with a deep indentation which superficially resembles a crack (FIG. 82) is kosher, since the indentation is merely part of the normal bumps and ridges.

82. An esrog with a deep indentation.

64 *Part One*: THE ESROG

A Crooked or Bent Over Esrog

Although a crooked or bent over lulav is not kosher (see p. 94), the equivalent in an esrog (FIG. 83) is kosher.[107]

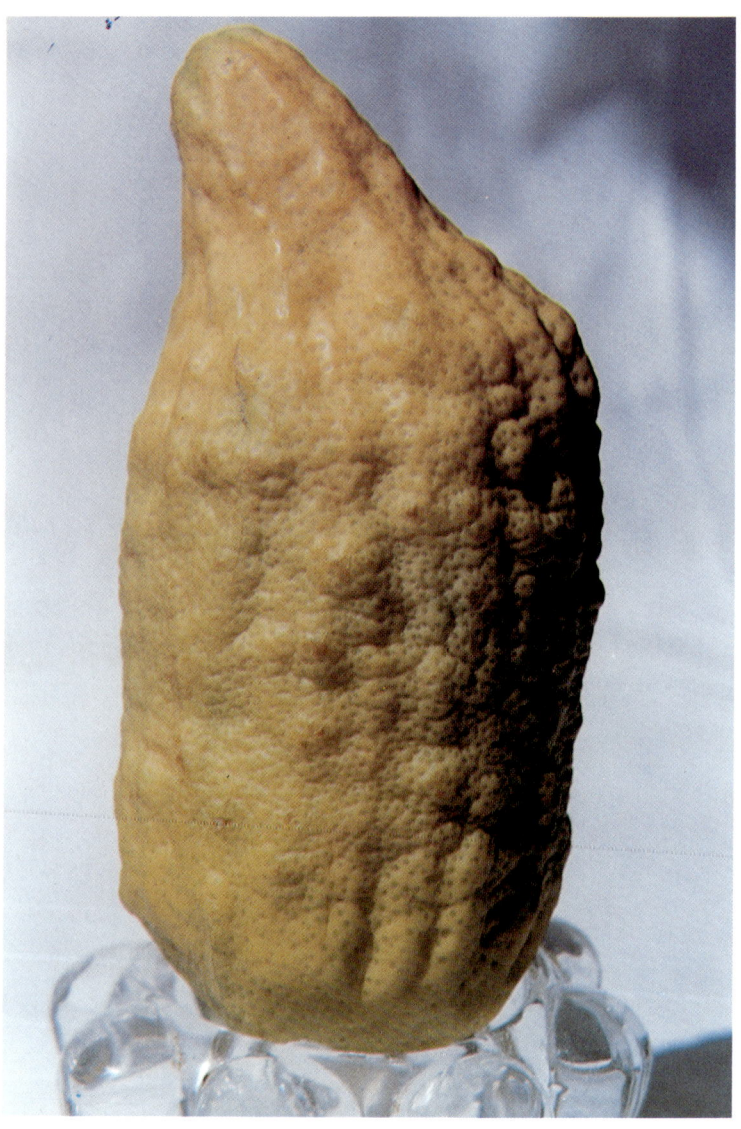

83. A crooked, bent-over esrog.

A Yemenite Esrog

Yemenite esrogim (FIG. 84) **are kosher**.[BB] It has already been mentioned on p. 34 that they often have a hole in the *pitam* area that must be examined to ascertain that it does not reach the seedbox.

84. A Yemenite esrog.

A Moroccan Esrog

Moroccan esrogim (FIG. 85) **are kosher** despite the fact that many are seedless.[CC]

85. A Moroccan esrog; note the lack of seeds.

A Belted Esrog

There is a Chassidic custom to use a belted (*gartel*) esrog (FIG. 86). The classical sources do not discuss this.

86. An esrog with a *gartel*.

A Hunchbacked Esrog

An esrog with a bump that resembles a hunchback (FIG. 87) **is kosher.** However, it is necessary to be careful not to rub the bump and inadvertently render the esrog incomplete.

87. An esrog with a hunchback-like bump.

An Esrog Must Be Edible

An esrog may be used only if there is no restriction on eating it.[108]

An Esrog of *Orlah*

Any fruit produced during the first three years after a tree is planted may not be eaten.[109] This prohibition is known as *orlah*.[110] **Accordingly, an esrog may not be used if it grows during the period of *orlah*.** Since a new branch that comes out from the roots below ground (as opposed to the trunk, above the ground) is also considered *orlah*, and since it is difficult to determine the source of a given esrog, esrogim should only be purchased from trustworthy dealers.[DD]

An Esrog of *Tevel*

Before any fruit may be eaten it must be tithed.[111] Untithed fruit is known as *tevel*. **An esrog of *tevel* may not be used.**[EE]

An Esrog of *Shemittah*

The *shemittah* year is the seventh year, in which the land of Eretz Yisrael may not be worked[112] and all fruits have sanctity.[113] **An esrog of *shemittah* may be used**, since fruit of the *shemittah* year may be eaten.[114]

Both an esrog picked during the *shemittah* year and one that developed during the *shemittah* year, are considered esrogim of *shemittah*.[115] Accordingly, esrogim picked at the beginning of 5754 as well as esrogim purchased in 5755, which developed during 5754, have sanctity. Therefore, care should be taken not to cause desecration by destroying the esrog, or discarding it in the normal way.

Because of the prohibition to buy and sell *shemittah* produce in the normal way,[116] many acquire esrogim by paying the expenses of the *otzar beis din*, the community storehouse. Others rely on the permission to pay for an item which may be purchased (e.g., a lulav), and acquire the esrog without paying separately.[117]

An Esrog Sprayed with Pesticide

Since an esrog is generally not eaten, it is sometimes sprayed with highly toxic pesticides. The question arises whether the fact that the esrog may not be eaten because of toxicity renders the esrog non-kosher for use on Sukkos, or whether it may be used, nevertheless, since the inedibility is not directly related to Halachah. There are several reasons to permit its use, but further examination is required.[FF]

NOTES

1. TB *Sukkah* 35a.
2. Rambam, *Introduction to the Mishnah;* Ritva, *Sukkah* 35a; Meiri, *Sukkah* 35a.
3. See *Pri Megadim*, end of 648; *Tiferes Yisrael, Sukkah* 3:5; *Elef Ha-Magen* 648.
4. *Magen Avraham* 648:22
5. *Kad Ha-Kemach* 23.
6. *Mishnah Brurah* 648:65.
7. Ibid.
8. *Shulchan Aruch Ha-Rav* 648:31; *Mishnah Brurah* 648:65; *Teshuvos Shevus Yaakov* 1:36 and *Drashos Chasam Sofer* 1,47a prohibit its use even without reciting the *brachah*.
9. See *Teshuvos Ha-Rama* 126 and *Shevus Yaakov* 1:36. Note that the *Mishnah Brurah* 648:65 questions the reliability of the last differentiation.
10. *Teshuvos Chasam Sofer, Orach Chayim* 207.
11. Rosh, *Sukkah* 3:14; *see also* the *Chiddushei Chasam Sofer, Sukkah* 36.
12. *Shulchan Aruch, Orach Chayim* 648:22.
13. *Biur Halachah* 648, s.v. *pachos*.
14. *Teshuvos Maharsham* 2:129.
15. *Chayei Adam* 151:16.
16. *Biur Halachah* 648:22, s.v. *pasul*.
17. *Chazon Ish* 148:2.
18. *Bikkurei Yaakov*, end of 648; *Shaarei Teshuvah* 648:23.
19. Rashi, *Sukkah* 35b as explained by the Rosh there.
20. From a conversation with Rabbi Chaim Kanievski.
21. Rosh, *Sukkah* 35b. Chasam Sofer considers this to be the opinion supported by the Rabbinical decisors.
22. Ran, *Sukkah* 35b.
23. Rambam, *Hilchos Lulav* 8:7.
24. *Biur Halachah* 648:9, s.v. *mi-makom*.
25. Tosfos, *Sukkah* 31b, s.v. *ha-yarok*; Shach, *Yoreh Deah* 188:4; *Shulchan Aruch Ha-Rav* 648:30.
26. *Mor U'ketziah* 648; *Biur Ha-Gra L'tikunei Zohar* 64a; *see also Zohar, Shemos* 277a.
27. Tosfos, *Sukkah* 31b; *Pri Megadim, Eshel Avraham*, end of 648.
28. *Magen Avraham* 648:2; *Mor U'ketziah* 648.
29. *Chayim U'vrachah* 302.
30. *Biur Halachah* 648, citing the *Chayei Adam*.

31. The *Chayei Adam* permits red in general, but the above cited *Biur Halachah* cites the *Pri Megadim* who differentiates between light red and dark red.
32. *Shulchan Aruch* 648:17.
33. *Mishnah Brurah* 648:57.
34. *Shulchan Aruch* 648:16.
35. *Daas Torah* 648:16.
36. *Shulchan Aruch* 648:21.
37. *Magen Avraham* 648:23; *Mishnah Brurah* 648:65. For greater depth see Chapter 8 of the Hebrew section.
38. *Shulchan Aruch* 648:16; *see also* the *Mishnah Brurah* there.
39. *Mishnah Brurah* 648:38.
40. *Magen Avraham* 648:12.
41. *Shulchan Aruch Ha-Rav* 648:20.
42. *Chazon Ish* 147:5.
43. *Chasam Sofer*, cited in *Teshuvos Hisorerus* 4:60.
44. *Chasam Sofer, Sukkah* 36b; *Teshuvos Zechor Yehosef* 227.
45. See Chapter 7 of the Hebrew section.
46. *Mabit* 3:49; *Mishnah Brurah* 648:32.
47. *Rama* 648:2; *Mishnah Brurah* 648:10.
48. *Magen Avraham* 648:9; *Mishnah Brurah* 648:31.
49. *Mishnah Brurah* 648:31; *Shaarei Tziyun* thereon.
50. *Beis Yosef* 648.
51. *Beis Yosef* 648; *Bach* 648; *Levush* 648.
52. *Shulchan Aruch Ha-Rav* 648:17; see also *Drush V'chiddush of R. Akiva Eiger*, p. 88.
53. *Shulchan Aruch Ha-Rav* 648:17.
54. See *Teshuvos Shevus Yaakov* 1:35.
55. *Shaar Ha-Tziyun* 647:37.
56. *Mishnah Brurah* 649:36.
57. *Bikkurei Yaakov* 648:24, cited in *Mishnah Brurah* 648:32.
58. See *Eshel Avraham, Mahadura Tinyana* 649. Black spots should have the same ruling.
59. *Rama* 648:7; *Mishnah Brurah* 648:31.
60. Rashi, *Sukkah* 36b; *Tosfos, Sukkah* 29b; Rosh, *Sukkah* 3; *Tur* 649.
61. Ritva, Raavad, Re'ah and Ran on *Sukkah* 29b, cited in *Chayei Adam, Nishmas Adam* 151:12.
62. *Maamar Mordechai* 648:3, cited in *Mishnah Brurah* 648:8. Normally, the *Shulchan Aruch* (649:5) rules that whatever is not kosher for the first day, may be used only on

the second day without reciting the *brachah* (benediction). However, since there are opinions that permit an esrog even for the first day if only a small amount is missing, it is possible to rule leniently for the second day. See *Chiddushei Chasam Sofer, Sukkah* 36.

63. TB *Sukkah* 36b; Tur 649.
64. *Biur Halachah* 648:12, s.v. *shinui*.
65. *Chazon Ish* 147.
66. Both points are more fully explained in the above-cited *Chazon Ish*.
67. *Chazon Ish* 147.
68. *Shulchan Aruch* 648:2; *Mishnah Brurah* 648:14.
69. *Shulchan Aruch* 648:2. The seedbox ends above there.
70. *Maamar Mordechai* 648:2.
71. *Pri Megadim*, cited in *Shaar Ha-Tziyun* 648:7.
72. *Mishnah Brurah* 648:32.
73. *Manhig, Hilchos Lulav*.
74. Rama 648:2.
75. *Pri Megadim, Eshel Avraham* 648.
76. *Magen Avraham* 648:21. See Chapter 7 of the Hebrew section.
77. See *Chasam Sofer, Sukkah* 35b; *Bikkurei Yaakov* 648:11.
78. Commentaries of Rambam, Michtam, Ritva and Ran to the *mishnah* in TB *Sukkah* 34b.
79. *Meiri*, cited in *Magen Avos* 648.
80. Rambam, *Perush Ha-Mishnayos, Sukkah* 34b; commentaries of Ritva and Ran to *Sukkah* 34b; Raavad, *Hilchos Lulav* 18.
81. *Magen Avraham* 648:7; *Shulchan Aruch Ha-Rav* 648:15; *Mishnah Brurah* 648:26.
82. *Mishnah Brurah* 648:26.
83. Ibid.
84. *Shulchan Aruch Ha-Rav* 648:16; *Chayei Adam* 151:12; *Chazon Ish* 147.
85. *Shulchan Aruch* 648:8.
86. Ibid; *Mishnah Brurah* 648:34.
87. *Pri Megadim, Eshel Avraham* 648:11; *Mishnah Brurah* 648:34; *Taz* 648:13.
88. Rashi, *Sukkah* 34b; *Agudah, Sukkah*, chapter 23; Ri Mi-Lunil, *Sukkah* 35b; *Orchos Chayim*, 16.
89. *Mishnah Brurah* 648:42.
90. *Mishnah Brurah* 648:37 and 41.
91. Mabit 49.
92. *Mishnah Brurah* 648:49.
93. See *Chiddushei Chasam Sofer, Sukkah* 35b.

94. Maharil, cited in Rama 648:13.
95. *Trumas Ha-Deshen*, cited in Rama 648:13.
96. *Mishnah Brurah* 648:49.
97. At least according to the opinion of the Magen Avraham concerning *chazazis*, discussed above.
98. *Shulchan Aruch Ha-Rav* 648:23. Furthermore, in this case, there is never a problem according to the Chazon Ish's definition of majority (see FIG. 15).
99. *Chayim U'vrachah* 229, based on the reading *ka-dud* rather than *ke-kadur* in *Sukkah* 36a. The implication of the *Biur Halachah* 648:2, s.v. *he-agol*, is that he was not concerned with this opinion.
100. *Shulchan Aruch* 648:2. The reason it is not kosher is that it is in an unnatural form. The *Shaar Ha-Tziyun* 648:65 explains that it is not *hadar*. If that is the reason, then it should be kosher according to the opinion of the Rambam, after the first day.
101. This is permitted by *Teshuvos Zivchei Tzedek, Orach Chayim* 37, since "it is the natural way our esrogim grow." Accordingly, since it is unnatural for our esrogim to grow that way it should be non-kosher.
102. *Mishnah Brurah* 648:63. It is problematic either because it is not *Hadar* (*Yereim* 422 and *Machzor Vitri* 370), because the Torah requires a *pri*—the singular form (*Michtam, Sukkah* 36), or because when they are separated, the point of connection appears to be incomplete (*Perush Rivevan* to *Sukkah* 36).
103. *Bikkurei Yaakov* 648:47.
104. *Chayim U'vrachah* 65.
105. *Teshuvos Shaarei Deah* 15.
106. The *Chazon Ish* 147:2 equates a crack with a hole, but see the *Biur Halachah* 648, s.v. *ve-chol*.
107. *Rambam*, cited in *Beis Yosef* 645.
108. TB *Sukkah* 35a.
109. *Vayikra* 19:23-24.
110. See *Shulchan Aruch Yoreh Deah* 294 for further details.
111. *Bemidbar* 18:24 and *Devarim* 18:4. Further details can be found in *Hilchos Trumos* and *Hilchos Maaser* of the Rambam.
112. Rambam, *Shemittah* 1:1.
113. Rambam, *Shemittah* 6:1.
114. TB *Sukkah* 39a.
115. Rambam, *Shemittah* 4:14.
116. Rambam, *Shemittah* 6:1.
117. *Iggros Moshe, Orach Chayim* 1:186.

Part Two

The Lulav

"And you shall take for yourselves on the first day [of Sukkos] ...leaves of palm..." (*Vayikra* 23:40)

THE PALM referred to in the verse (overleaf) is understood to be the date palm, which is one of the seven species used by the Torah to praise the Land of Israel.¹ The verse does not specify, however, which type of "leaves of palm" (*kapos temarim*) should be used. Figure 89 illustrates the two possibilities. A palm branch begins to grow from the center of the tree. At first it is a stick-like projection of many leaves that are tightly wrapped around each other. This subsequently develops into the characteristic palm branch with its open leaves. The Sinaitic oral tradition (*halachah le-Moshe mi-Sinai*), referred to at the beginning of the chapter on Esrog, taught that *kapos temarim* refers to the tightly wrapped leaves. As was the case for the other species, the Talmudic sages say that the unusual use of the word *kapos* for leaves hints at this tradition. This is based on an alternate reading for the unvowelled word *kapos*: *kafus*, which means bound. Accordingly, the mandated "leaves of palm" should be those that appear to be bound together; in other words, those that we refer to as the lulav.²

The Ideal Lulav

1. **It must meet certain minimum size requirements.**
2. **The central leaf on top (*te'yomes*) must be doubled as well as closed.**
3. **The top of the central leaf must be intact.**
4. **The top of the central leaf must have no flaws, such as being dry or bent.**
5. **It must be fresh.**
6. **It must be straight.** These and other requirements will now be discussed.

89. (a) palm branches; (b) a lulav; (c) the trunk.

☐ LENGTH OF THE LULAV

The preferred minimum length of a lulav is four handbreadths. According to the Chazon Ish, 39 centimeters (15.35 inches) equals four handbreadths, whereas according to Rabbi Chaim Naeh, the size is 32 centimeters (12.6 inches). **This is measured on the hard, central, stick-like portion of the lulav known as the** *shidrah* (literally, "backbone"), **not on**

the leaves. **The measurement begins from the point where leaves begin to branch out and ends at the top of the *shidrah*³** (FIG. 90). When the bottom-most leaves start at different points on each side (FIG. 91), the measurement should preferably begin from the base of the upper of the two leaves.^A

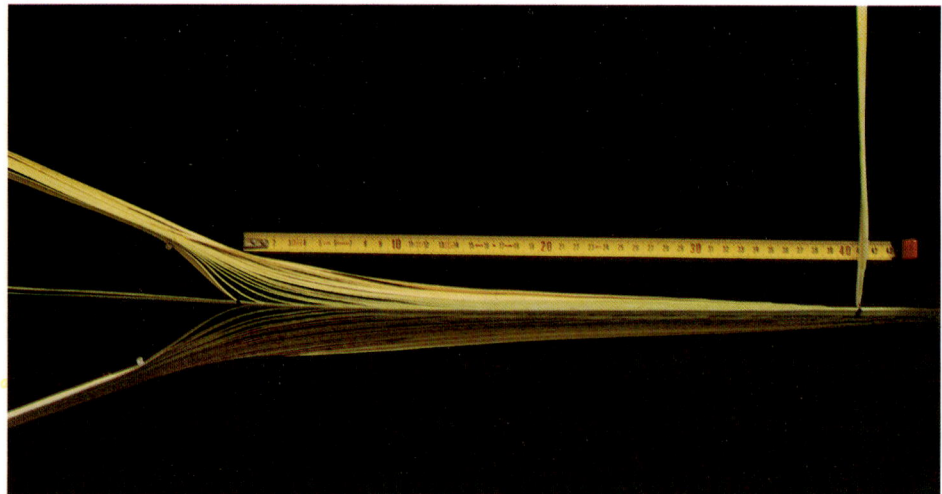

90. The length of the lulav is measured from the end of the *shidrah* to the point where the leaves begin to branch out.

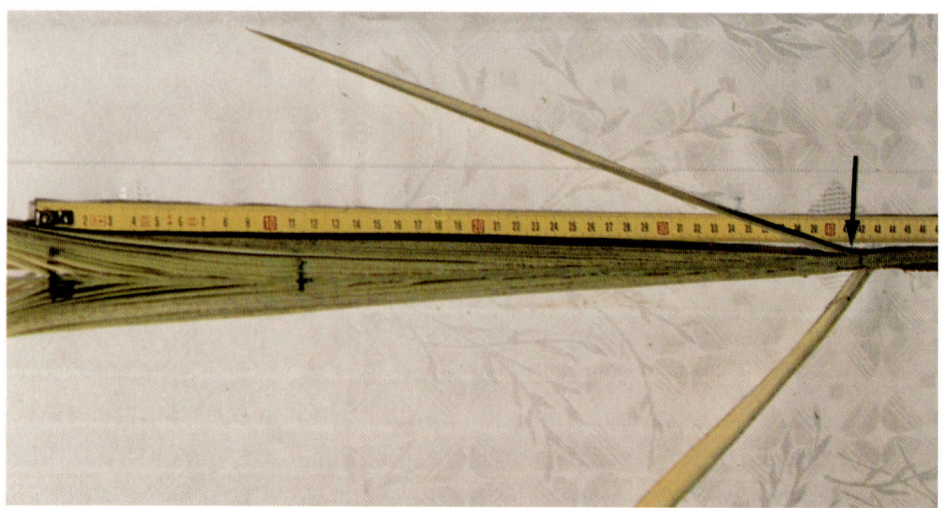

91. The two leaves begin unequally. Measure from the top.

92. A handbreadth from the top of the hadas to the top of the *shidrah*.

When the Hadassim Are Longer than Three Handbreadths

The *shidrah* of the lulav should end at least one handbreadth above the top of the hadassim (FIG. 92). Accordingly, if the hadassim are longer than three handbreadths, the lulav should be longer than four handbreadths.[4B]

93. The *te'yomes*, the center leaf from the *shidrah*.

☐ TE'YOMES

The leaves of a lulav generally grow so that each leaf is doubled, connected on its back and unattached in front. The central double leaf growing from the *shidrah* (FIG. 93) is called the *te'yomes* (plural, *te'yomos*). **Ideally, it should be fully connected, and neither dry nor cut off on top.**

Single leaf

Even when the central leaf is naturally single, it may not be used.[5c]

Width of the Doubled Te'yomes Leaf

The entire *te'yomes* **leaf should be double** (FIG. 94), i.e., it should have two attached parts of equal width (as in *a*). Even if only a majority of the leaf is doubled (as in *b*), the lulav may be used. **The lulav may not be used, however, when one part of the** *te'yomes* **leaf covers only a minority of the second part (as in *c*).**[6]

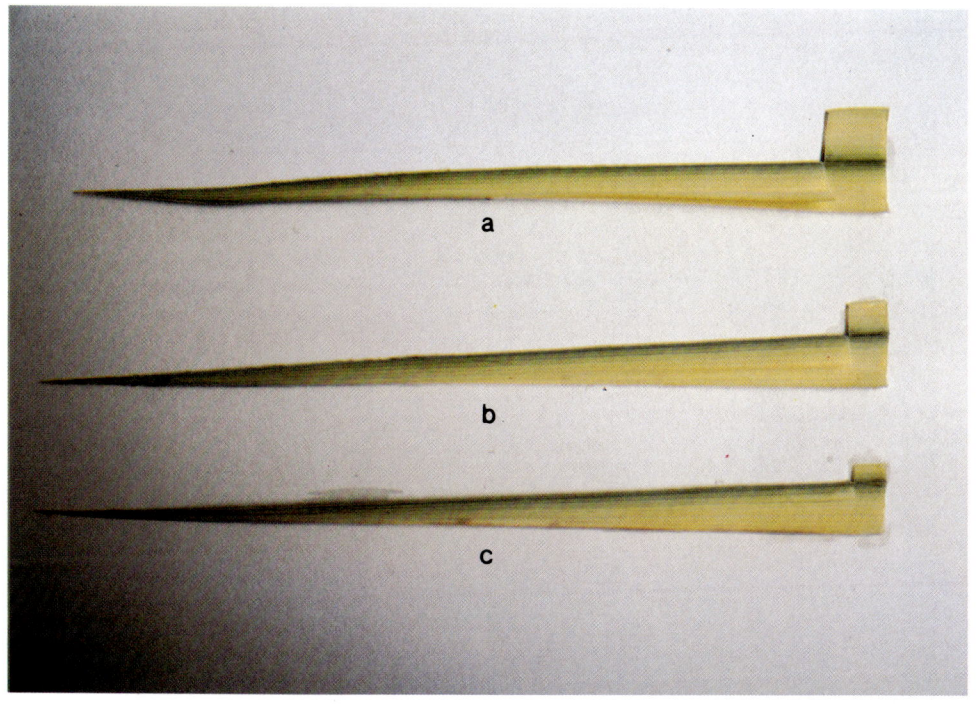

94. (a) a double leaf, whose two parts are of equal width; (b) one leaf covers a majority of the width of the second; (c) one leaf covers only a minority of the width of the second.

The Top of One *Te'yomes* Leaf is Lower than the Other

The two parts of the central leaf do not always end exactly together, as in FIG. 95. **It is kosher, nevertheless, provided that the two parts are together for a majority of their length.**[D]

A Split *Te'yomes*

Ideally, the central leaf should be fully closed.[E] A lulav whose central leaf is split to the *shidrah* (see FIG. 96) **is not kosher** (even if the *shidrah* itself is not split).[7] In fact, the *Mishnah Brurah* rules that a lulav is not kosher even if a majority of only the central leaf is split.[8] According to the *Shulchan Aruch*, however, a lulav is kosher unless a majority of most of its leaves are split.[9] **All agree that a lulav is kosher if its central leaf is split less than a handbreadth.**[10][F] (This does not apply to a *hemnik* split which will be discussed below.)

95. One of the *te'yomes* leaves is lower than the other.

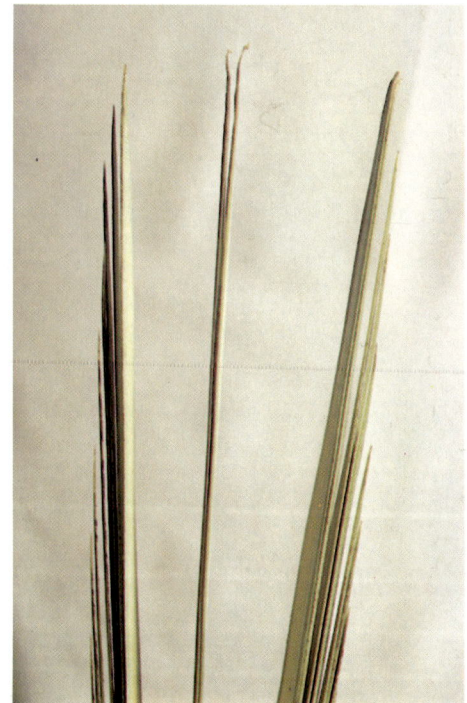

96. A split *te'yomes*.

97. A double *te'yomes*, one of which is split.

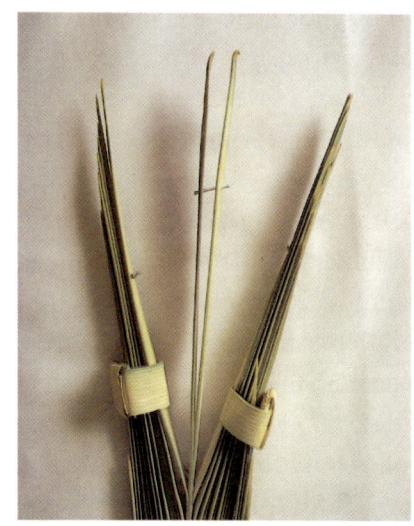

98. Two separate *te'yomos*, each one having fully attached double leaves.

One of Two *Te'yomos* Are Split

When there are two central double leaves growing from the *shidrah*, and one of them is split (FIG. 97), **the lulav is not kosher, even though the other *te'yomes* is not split.**[11G]

Two Separated *Te'yomos*

The ruling concerning a lulav which has two *te'yomos* separated from each other, but each individual *te'yomes* has fully attached double leaves (FIG. 98), is disputed.[12] The lulav may nevertheless be used if the *te'yomos* are separated for less than a majority of the distance between its top and its *shidrah*.[13H]

A *Hemnik* Split

It is difficult to give an exact definition of a *hemnik* split (FIG. 99) which, according to the Talmud, renders a lulav non-kosher.[14] A *hemnik* was a fork-like, two-pronged utensil whose two parts were quite separated from each other.[15] Accordingly, **a lulav may not be used if its *te'yomes* is split so far apart that it appears to have two tops.**[16] However, the lulav is kosher if the split is such that the two parts join when it is shaken or placed upon a table[17] (FIG. 100).

When a lulav has a clear *hemnik* split, it is not kosher even if the split is of minimal length. Nevertheless, this applies only when the two parts are quite separate from each other and turned to the side, as in FIG. 101. **If they are not very separate from each other, however, the lulav is kosher even if it looks as if it has two tops** (FIG. 102). It is very difficult to give a clear operational definition for "very separate." Nevertheless, any reasonable doubt concerning whether a separation is considered *hemnik* can be combined with the ruling of the *Shulchan Aruch Ha-Rav* that *hemnik* applies only to the *shidrah*[18] and with the opinion of the *Shulchan Aruch* that *hemnik* applies only to a majority of the leaves.[19] Since according to these opinions even a fully split middle leaf is kosher, we can rule leniently for such cases. (*Hemnik* is more fully discussed in Chapter Ten of the Hebrew section.)

99. A *hemnik* split.

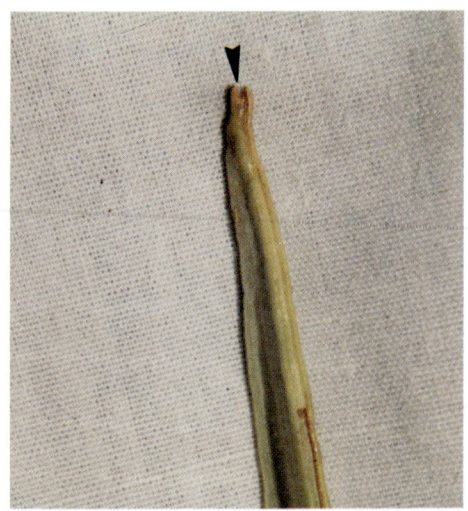

100. A split *te'yomes* that rejoins when the lulav is shaken.

A Cut-off Top

101. The tops are separated and curve to the side.

102. The tops are separated, but the leaves are not bent.

☐ A CUT-OFF TOP

A lulav with a cut-off top may not be used. The *Rishonim* discuss which part of the lulav is considered the top, with respect to a "cut-off top." The opinion accepted by Ashkenazic Jewry is that it refers to the *te'yomes*.[I]

Cut-Off *Te'yomes*

A lulav may not be used when the top of its *te'yomes* (or the tops of its *te'yomos*) is cut off.[20]

Amount Cut Off

The slightest amount cut off from the top of the lulav is sufficient to render it non-kosher.[21] This does not apply to the other leaves of the lulav.[J]

Examination Distance

Unless the cut-off top is clearly noticeable when the lulav is held normally, the lulav is kosher.[K]

Clarifying Questionable Situations

Although acceptability is generally determined by the naked eye, it is helpful to use a strong magnifying glass when the naked eye detects what might be a cut-off top. Most lulavs have a natural crevice at the top of each leaf (FIGS. 103-105). **A perfectly round crevice is a clear indication that the top of the lulav was not cut off.**

103. The hole on the top of most lulavim. It can be clearly seen under 15x magnification.

A Cut-off Top

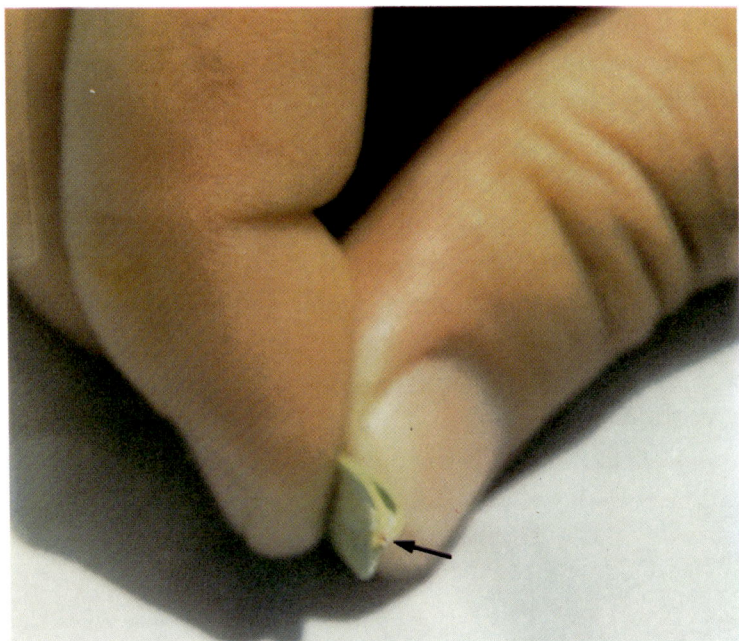

104. The hole on the top of the lulav.

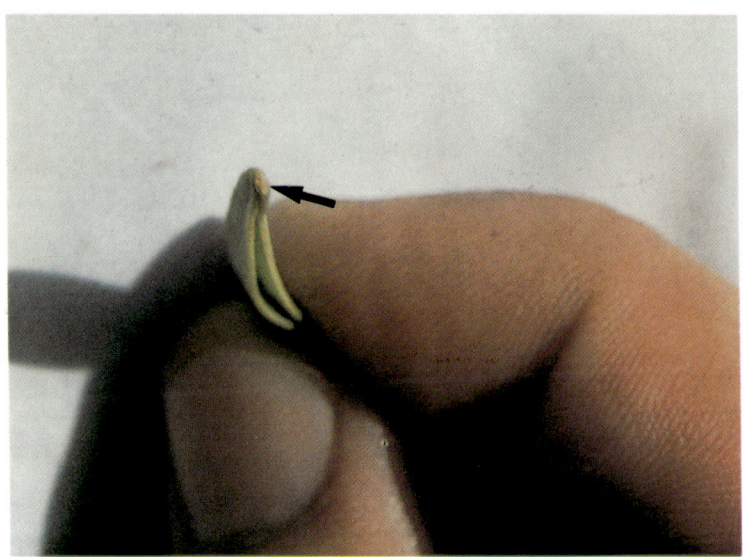

105. A hole on the side of the top of the lulav.

Part of the Leaf is Cut Off

When part of the *te'yomes* **leaf is cut off, the lulav is kosher if a majority of the width of the leaf remains connected.**[22] Nevertheless, if the leaf is cut widthwise and as a result the top has a *hemnik* appearance (FIG. 106), it is questionable whether the lulav should be used.[L]

Only One Leaf of the *Te'yomes* is Cut Off

When a lulav ends in a single *te'yomes* **and only one of the attached twin leaves are cut off** (FIG. 107), **it may not be used.**[23][M]

A Lulav with Two *Te'yomos,* One of Which is Cut Off

It is possible to be lenient when one of two *te'yomos* **is cut off** (FIG. 108) **and the other remains whole.**[24]

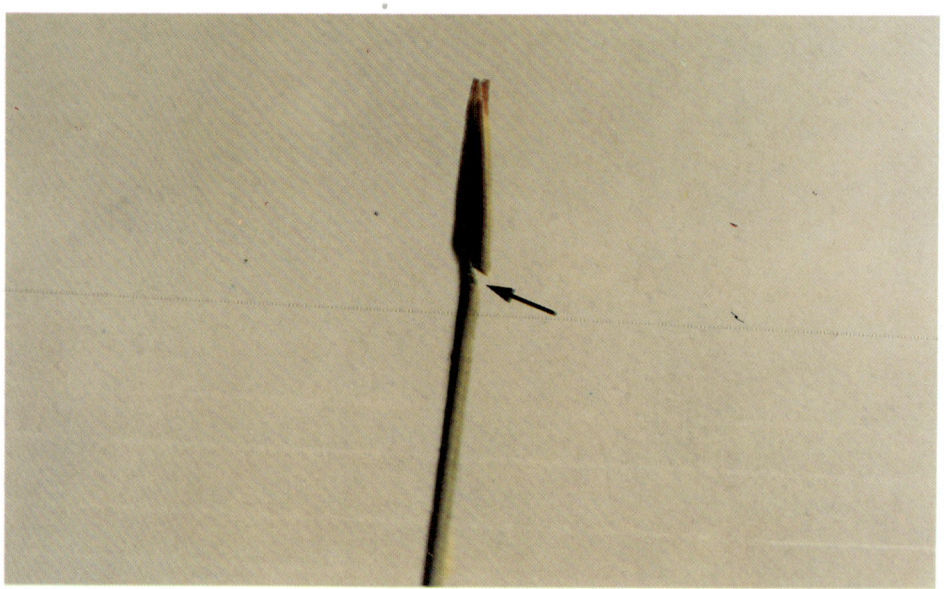

106. The top was cut, but it remains partially attached.

A Cut-off Top

107. Only one leaf of the double-leaved *te'yomes* is cut off.

108. A lulav with two *te'yomos,* one of which is cut.

A Lulav with Three *Te'yomos*

It is not clear whether only the middle leaf of a lulav that ends with three central leaves (FIG. 109) is considered the *te'yomes* or whether all three are. In the former case, "cut off" applies only to the middle leaf, whereas in the latter case, "cut off" would render the lulav not kosher only when applied to at least two of the three.[N]

109. A lulav with three *te'yomos*.

Each of the Four Species symbolizes unity and harmony:

...The leaves of the lulav grow bound together (kafus) and attached one to the other.

(from the Siddur of the Baal Ha-Tanya)

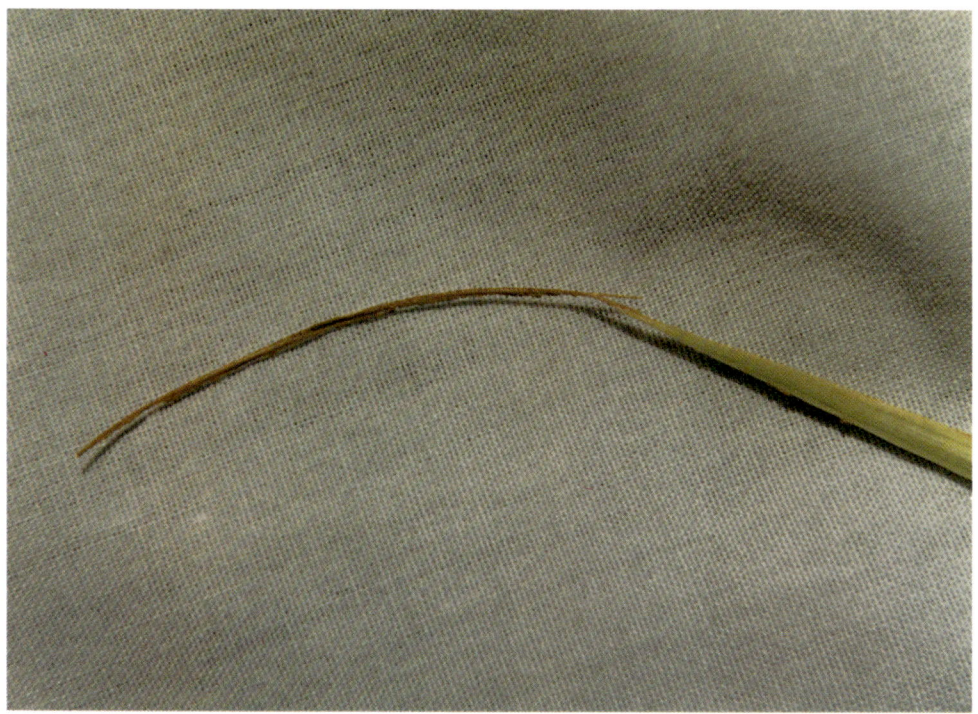

110. A lulav with a broken needle-like point.

Broken Needle-like Point

Many lulavim end in a pointed projection above the top leaf. **If just that part is broken off** (FIG. 110), **the lulav is kosher.**[25]

Cut-Off Top after the First Day

A lulav with a cut-off top may not be used even after the first day.[O]

The Entire *Te'yomes* is Cut Off

It is superfluous to say that when the entire *te'yomes* is cut off, the lulav is not kosher. Nevertheless, unscrupulous merchants have been known to do just that, so that it would appear as if the two remaining center leaves are twin *te'yomos*. The top of the *shidrah* should, therefore, be carefully checked for signs of being cut off.

111. A withered *te'yomes*.

☐ A WITHERED LULAV

A withered lulav may not be used.[26]

A Withered *Te'yomes*

When the *te'yomes* turns white with dryness (FIG. 111), the *Mishnah Brurah* considers it non-kosher,[27] whereas the Chazon Ish permits its use if most of the other leaves are green.[28]

Minimal Dryness at the Top

It is unclear whether those who prohibit using a lulav with a withered *te'yomes* prohibit its use when only the very top is withered (FIG. 112).[P]

Sunburned Leaf Tip

A sunburned leaf tip (FIG. 113), unlike a truly dried-up lulav, keeps its firmness and does not crumble to the touch. **It may be used.**[29]

A Withered Lulav

112. Minimal dryness at the top of the *te'yomes*.

113. A sunburned leaf top.

☐ A BENT LULAV

Ideally, a lulav should be totally straight.[30] When the *shidrah* of a lulav is bent, the ruling depends upon how it is bent:

- **Bent back**, i.e., in the direction of the *shidrah*, **is kosher**, since it grows naturally that way.[31]
- **Bent forward**, i.e., to the opposite side of the *shidrah*:
  ◦ **If it is very curved** (e.g., like a sickle), **it is not kosher.**[32]
  ◦ **If it is not very curved, it is kosher.**[33]
- **Bent to the side is not kosher.**

Presumably, the differentiation between very curved and not very curved applies here as well. The cause of the curve is irrelevant, and even if the lulav grew straight but became bent after it was picked, for whatever reason, it is still not kosher.[34] On the other hand, **a formerly crooked lulav is kosher after it is straightened out.**[35Q]

Bent Leaves

A lulav whose *shidrah* is not bent, but most (or all) of whose leaves are (FIG. 114), should be used only when no other lulav is available.[36R]

Bent Central Leaf

When only the *te'yomes* is bent, the lulav is kosher if it is not "greatly curved forward" (FIG. 115).[37] **The custom is to permit its use when not curved a lot.**[38S]

A Bent Lulav

114. A lulav with bent leaves.

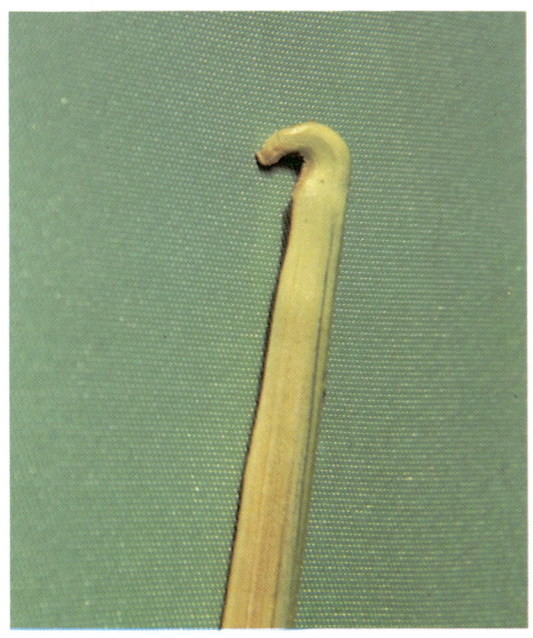

115. A curved central leaf.

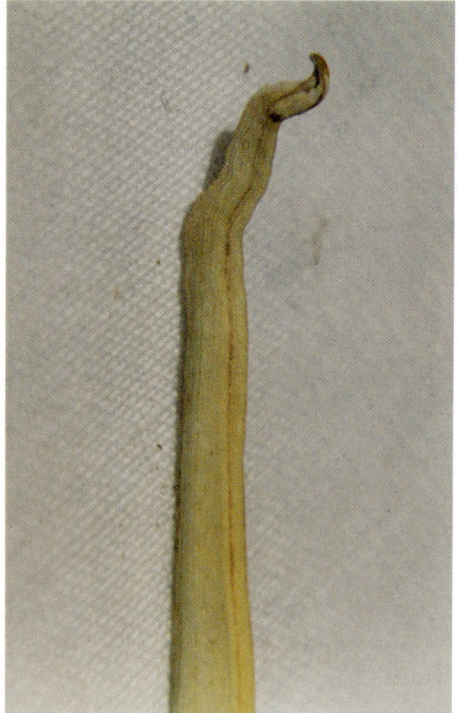

116. Leaves that are bent back.   117. A lulav with chain-like wrinkles.

Leaves Bent Back

The Radvaz permits using a lulav whose leaves are bent back in the direction of the *shidrah* (FIG. 116), just as a lulav whose *shidrah* is bent in that direction may be used.[39] The commentary *Kapos Temarim*, on the other hand, differentiates between the two cases, and does not permit use of such a lulav.[40]

Kavutz

The Talmud prohibits a lulav that is *kavutz*.[41] The Ritva explains that this means "wrinkled."[42] The lulav pictured in FIG. 117 seems to fit that description.[T] Some permit this, nevertheless.[43]

118. The brown covering on a lulav.

The Brown Covering

There are different customs concerning the acceptability of a lulav with a brown covering (FIG. 118). The various reasons of those who permit its use and those who do not, are discussed in Chapter Eleven of the Hebrew section.[U]

When the Middle Leaf is Connected by the Brown Covering

When the middle leaf is in fact separated, but the brown covering around it makes it appear connected, the lulav falls into the category discussed above, of a lulav with a split central leaf. On the other hand, sometimes the leaf is

119. The brown covering making separated leaves appear connected.

in fact connected, but the brown covering over the groove between the two leaves (FIG. 119) makes it appear separated. This can be determined by wetting the brown covering and gently scraping it off at a point below the top of the lulav. It is then possible to discern whether the middle leaf is attached or not. In any case, however, the top itself should never be scraped off (although some merchants do so), since that can invalidate the lulav by minimally cutting off the top. Needless to say, when the brown covering is only over the lower part, the upper part *must* be checked. It is obviously then no longer appropriate to rely on the fact that it is covered in brown.

Incomplete *Shidrah*

Lulavim occasionally have parts missing from their *shidrah* (FIG. 120). Such lulavim may be used.[V]

Incomplete Shidrah

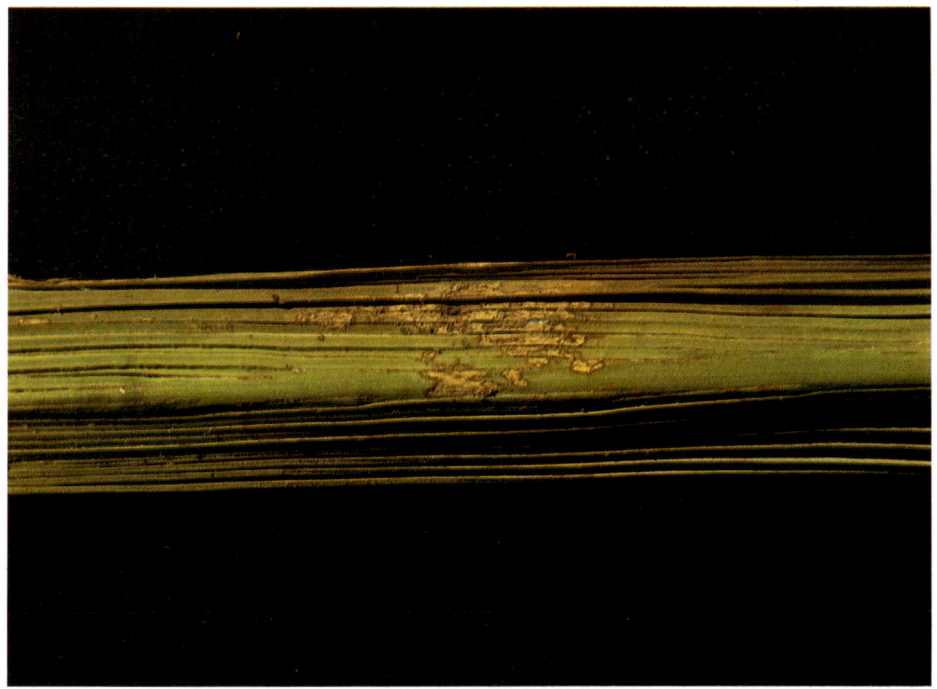

120. An incomplete *shidrah*.

☐ **MALE LULAV**

There are both male and female palm trees. The male tree has pollen-bearing flowers that fertilize the flowers of the female tree. Accordingly, there can be no fruit on the male palm tree. Although a lulav is supposed to come from a fruit-bearing tree, the male lulav is nevertheless considered kosher, since it is part of a fruit-bearing species.[44 W]

☐ CANARY LULAV

A variety of the palm tree imported from the Canary Islands resembles the standard date palm in several respects and differs in others, as will soon be described. The question therefore arises whether the Canary palm is considered a different species, much as lemon trees and esrog trees are similar, yet different species; or whether it is a variety of the same species. Rabbi Moshe Feinstein took the former approach, based upon the differences between the trees (including the fact that the fruit of the Canary palm is inedible). According to him, "It is as clear as can be that the lulav of a Canary palm may not be used to fulfill the mitzvah, even when no other lulav is available, and that any blessing recited over it is in vain."[45] On the other hand, my uncle, Rabbi Shlomo Zalman Auerbach, told me that it may be used. In his opinion, any differences are those of variety only, and they should be considered the same species, much as hadassim that do not resemble each other are nevertheless both of the same species.[X]

Identifying the Canary Lulav

There are several authoritative works which address the problem of differentiating between the various kinds of lulav (e.g., the well-known *Lulav Ha-Canary*, by Rabbi Eliyahu Weissfish).

Professor Yehudah Felix, the author of *Chai V'Tzome'ach ba-Torah*, told me that the main difference between the date palm and the Canary palm lies in the distance between the points on the stem from which each leaf grows in the central part of the lulav. They are generally 4 centimeters (almost 2 inches) apart on a standard lulav and much closer together on a Canary lulav (FIG. 121).

Another clear differentiation is in softness and flexibility. The *shidrah* of a Canary lulav is exceptionally flexible, and it sways from side to side much more freely when shaken than does a standard lulav (FIG. 122). Similarly, when a lulav is held sideways, so that the *shidrah* faces down, the Canary lulav fans out as a result of its soft *shidrah*. This is not the case for standard lulavim (FIG. 123).

The Canary Lulav

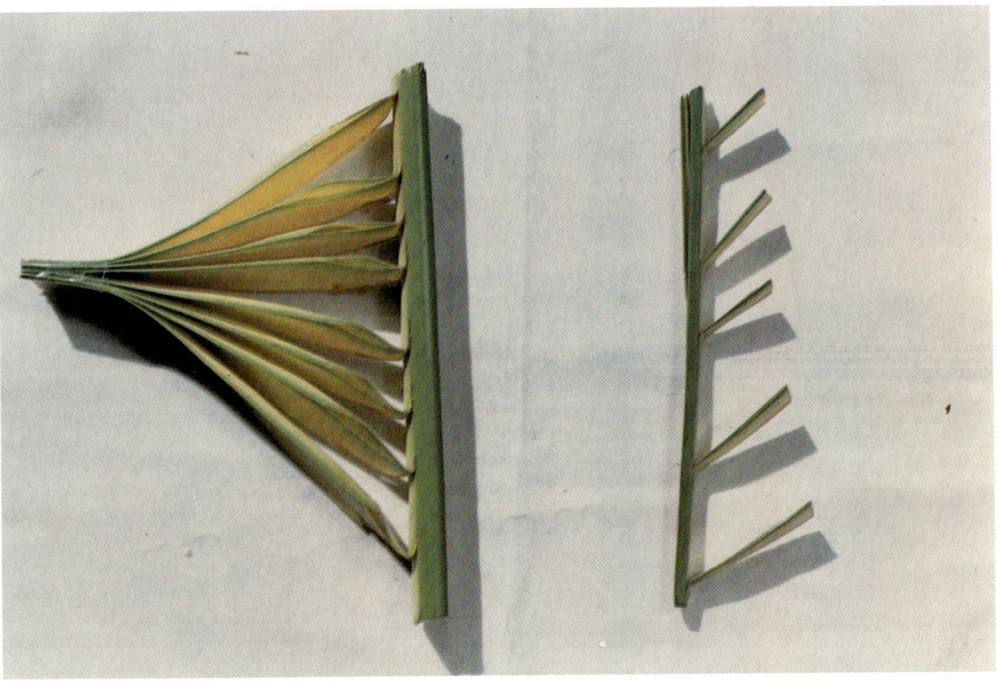

121. The Canary lulav (on the left) has eight leaves branching out from its *shidrah*. A standard lulav (on the right) has five over the same length.

122. A Canary lulav held sideways. The *shidrah* is flexible and sways easily.

123. When the Canary lulav (top) and the standard lulav (bottom) are held with the *shidrah* facing down, only the Canary lulav bends like a bow. This is the most reliable sign.

Identifying the Canary Palm

The Canary palm is easily distinguishable from a standard date palm. The branches of a Canary palm face downwards in a bow-like curve. The branches of a standard date palm, on the other hand, face upwards (FIGS. 124, 125). Another difference is that standard date palms often have offshoots growing out of the bottom of the trunk (FIG. 126). Canary palms, on the other hand, never have offshoots. In fact, one of the reasons the Canary palm is preferred as a decorative tree is that there are no offshoots to trim. A final difference is in the fruit. The date palm produces edible, elongated fruit, whereas the Canary palm produces round, relatively inedible fruit (FIG. 127).

The Canary Palm 103

124. The branches of a Canary palm bend like a bow.

125. The tree on the right is a date palm—branches facing up, trunk relatively thin; on the left, a Canary palm—branches facing down, trunk relatively thick.

Part Two: THE LULAV

126. Preparing offshoots from the date palm for transplanting. The Canary palm has no offshoots from its trunk.

127. The fruit of the Canary palm is not really edible and its shape differs from the fruit of the date palm.

NOTES

1. *Devarim* 8:8.
2. TB *Sukkah* 32a.
3. *Tosfos Rabbenu Peretz, Sukkah* 32.
4. *Shulchan Aruch* 650:2.
5. *Kolbo*, cited in Rama 645:3.
6. A verbal responsum to the author by Rabbi Y.S. Elyashiv. See *Shulchan Aruch Ha-Rav* 645:9-10.
7. *Trumas Ha-Deshen*, cited in Rama 645:3.
8. *Mishnah Brurah* 645:15.
9. *Mishnah Brurah* 645:11.
10. *Mishnah Brurah* 645:19.
11. *Mishnah Brurah* 645:15 and *Shaar Ha-Tziyun* 15.
12. The *Kapos Temarim Sukkah* 32 and the *Chasam Sofer Sukkah* 32 permit it, whereas the *Maamar Mordechai* 645:4 prohibits it.
13. *Bikkurei Yaakov* 645:9.
14. TB *Sukkah* 32a.
15. *Aruch*; Rabbenu Chananel, *Bava Metzia* 25b; Rif and Rosh commentaries to *Sukkah* 32a.
16. *Shulchan Aruch* 645:7.
17. *Daas Torah* 645:3.
18. *Shulchan Aruch Ha-Rav* 645:12.
19. *Biur Halachah* 645:7, s.v. *nisdak*.
20. *Shulchan Aruch* and Rama 645:6; and *Biur Halachah*, s.v. *rov*.
21. *Levush*, cited by *Mishnah Brurah* 645:26.
22. Raavad, cited in *Bikkurei Yaakov* 645:18.
23. *Beis David* 448.
24. *Bikkurei Yaakov*, cited in *Mishnah Brurah* 645:29. The Bikkurei Yaakov himself, basing his opinion on *Tosfos, Sukkah* 29b, is less equivocal in his permission. See *Chazon Ish* 148 on this point.
25. *Ikrei Hadat* 33:21.
26. *Shulchan Aruch* 645:5.
27. *Mishnah Brurah* 645:22.
28. *Chazon Ish* 145:11.
29. *Chazon Ish* 145:11; *see also Emek Brachah* (Pomerancik) 2.
30. *Shaarei Teshuvah* 645:8.

31. *Shulchan Aruch* 645:8.
32. *Shulchan Aruch* 645:8 and *Mishnah Brurah* 645:33.
33. *Beis Yosef* 645.
34. *Kapos Temarim, Sukkah* 32a.
35. *Teshuvos Ha-Leket* 2:221.
36. *Mishnah Brurah* 645:40; *Shulchan Aruch Ha-Rav* 645:20.
37. *Pri Megadim*, cited in *Mishnah Brurah* 645:41.
38. *Darchei Moshe*, cited in *Mishnah Brurah* 645:42.
39. *Teshuvos Ha-Radvaz* 4:259.
40. *Kapos Temarim, Sukkah* 32a.
41. TB *Sukkah* 32a.
42. Ritva, *Sukkah* 32a.
43. Rabbi S. Wosner, in an oral responsum to the author.
44. *Chasam Sofer, Sukkah* 34b.
45. *Iggros Moshe, Orach Chayim* 4:123.

Part Three

The Hadassim

"And you shall take for yourselves on the first day [of Sukkos] ...a branch of the *avos* tree..."(*Vayikra* 23:40)

THE SAME ORAL tradition which taught that the *hadar* tree refers to the esrog, taught that the *avos* tree refers to the myrtle (hadas, pl. hadassim).[1]

The Talmudic sages attempted to find scriptural support for this tradition in this case also. They find this support from the fact that the word *avos* means "braided."[2]

Myrtle leaves generally cover the entire length of their branch, giving the impression that the leaves are "braided" around the branch. This characteristic is shared by the oleander as well. Nevertheless, since that is a poisonous bush with stinging leaves, it could not have been the mandated branch. The Torah, whose "ways are pleasant,"[3] could not require use of a substance that would sting the hands. Similarly, a substance that is used for making deadly poisons contradicts the principle of "Love truth and peace."[4]

The Ideal Hadas

The following is a summary of the requirements for the ideal hadas (FIG. 129). Each of these will subsequently be explained in greater detail.

1. **That it be triple-leaved,** i.e., that the three leaves at each level should come out from the same general point on the branch.

2. **That it be a minimum of three handbreadths long.**

3. **That the leaves lie one upon the other, so that the branch is fully covered.** It will be explained below that when this requirement is absent, the hadas is nevertheless kosher.

4. **That the hadas be triple-leaved for the entire three handbreadths of required size, or at least over a majority of the required size.**

5. **That the leaves of the hadas be small.**

6. **That the top of the hadas be intact.**

The Ideal Hadas

129. AN IDEAL HADAS: its leaves cover one another; three leaves emerge from the same point at each level; it is triple-leaved over three handbreadths.

☐ TRIPLE-LEAVED

The use of the term *avos*, braided, is understood to be the basis for requiring three leaves at each level.[5] A braid requires a minimum of three strands,[6] and thus, for a hadas to be considered a braid, three leaves at each level are required.[7A]

Defining "One Level" for a Triple-Leaved Hadas

There are several definitions given among the early authorities (*Rishonim*) for what is considered "triple-leaved." *Tosfos* requires that they be "close to and attached to each other."[8] The Rosh writes "in one circle."[9] The Ritva explains "in one line"[10] and the Tur adds "that one is not lower than the other."[11]

The last three definitions imply that the three leaves must meet exactly, as in FIG. 130. The opinion of *Tosfos* is somewhat less clear. Perhaps "close to and attached to" allows slight differences in level, as in FIG. 131.

In any case, the Chazon Ish is cited as considering a hadas triple-leaved as long as the bases of the three leaves meet at some line, even if there are slight differences in height between them.[12] Those who knew him well explain as follows: The stems of the leaves are attached to the branch at their base. This base (rendered in black in the accompanying drawings) takes up a certain area of the stem. If any part of the bases of the three stems meet at one point of the branch, it is considered triple-leaved.[13]

Accordingly, if the three stems meet exactly, as in FIG. 130, the hadas is certainly kosher. If they do not meet exactly, but parts of each of the three bases meet at one point of the branch, as in FIG. 131, it is kosher, as well. However, if the base of one stem begins at a point after which the base of another stem finished, as in FIG. 132, the hadas is not kosher.

A Bud Next to the Base

Sometimes there is a bud (or protrusion) near the base of the leaf. Rabbi Chaim Kanievski told me that this could possibly be considered part of the base of the leaf. Accordingly, if the bases of the other leaves are at that point it could also be considered triple-leaved.

Triple-Leaved

130. Three leaves emerging from the same line.

131. The base of one leaf is parallel to the area of the second leaf's stem. Note the red line connecting them.

132. The base of one leaf emerges at a point above the level of the other leaf's stem.

☐ LENGTH OF THE HADAS

The hadas should be at least three handbreadths long. According to the Chazon Ish, that is at least 29 centimeters (11.4 inches). According to Rabbi Chaim Naeh, that is at least 24 centimeters (9.45 inches).

Although this is the minimum size that should be used, it is possible to rule that two-and-a-half handbreadths are also kosher *b'diavad*, i.e., if no better one is available.[14]

The Length of a Hadas is Defined as the Length of the Stem

The three-handbreadths requirement applies to the stem and not to the leaves. Accordingly, the length of the leaves above the stem is not counted[15] (FIG. 133).

As to the part of the stem below the first leaves, the Chazon Ish writes that the size must be measured from the first set of triple leaves.[16]

The Length that Must Be Triple-Leaved

Ideally, the entire hadas should be triple-leaved.[17]

According to one early opinion, if any part of the entire hadas is not triple-leaved, whether because it grew that way or because it fell off, it may not be used.[18]

The basis for this opinion is as follows: Any part that is not triple-leaved is not considered part of the hadas. Accordingly, the minimal size requirement for a hadas is not met.[19] However, when there are three consecutive handbreadths that are triple-leaved, it would remain kosher even after removing all of the part that is not triple-leaved. Thus, even according to this opinion, a hadas may be used if there are three consecutive handbreadths that are triple-leaved.

Each of the Four Species symbolizes unity and harmony:

...The leaves of a hadas cover the stem and rest one upon the other.

(from the Siddur of the Baal Ha-Tanya)

Length of the Hadas

133. The three handbreadths are measured from the top of the stem to the point at which the lowest leaf emerges.

a. When the Majority is Triple-Leaved

The custom is to permit using a hadas when its majority is triple-leaved. According to the *Shulchan Aruch*, this ruling refers to the barest minimum that may still be used,[20] although it would be preferable to use a hadas that is triple-leaved from top to bottom. According to the *Shulchan Aruch Ha-Rav*, however, it is an equivalent alternative to a hadas that is triple-leaved from top to bottom.[21B]

According to the measurements of the Chazon Ish, mentioned above, this translates to at least 15 centimeters (6 inches), whereas the minimum amount that must be triple-leaved, according to Rabbi Chaim Naeh, is 12.5 centimeters (5 inches).

b. Is it a Majority of the Stem, or of the Levels?

It is questionable whether a triple-leaf majority is measured as a percentage of the entire stem, or as a percentage of the total number of leaf levels.

This question is relevant because there are relatively more levels of leaves on the top part of a hadas than on the bottom part. Accordingly, a majority of the stem might be triple-leaved and yet the upper minority of the stem, which is not triple-leaved, might contain the majority of the levels of leaves.

The Chazon Ish remains in doubt on this point,[22] but the much earlier *Shulchan Aruch Ha-Rav*, based on the still earlier *Beis Yosef*, clearly implies that the deciding factor is a majority of the leaf levels.[23]

c. Is It a Majority of the Entire Stem, or of the Required Size?

It is unclear whether a hadas may be used when a majority of a large stem is not triple-leaved, but a majority of the minimum size mandated for a hadas is triple-leaved. To illustrate according to the measurements of the Chazon Ish: A hadas of six handbreadths (23 inches) is triple-leaved over only 6 inches. A large majority of the stem (17 inches) is not triple-leaved. On the other hand, 6 inches is more than half of the 11.4-inch size that constitutes a kosher hadas.

The *Bikkurei Yaakov* accepts the latter position, and considers a hadas of this type kosher.[24] On the other hand, the *Pri Megadim* explains both sides of the question and remains undecided.[25] The major problem seems to be that since the majority of the specific hadas is not triple-leaved, it should not be used.

The language used by the *Shulchan Aruch Ha-Rav*[26] implies that the author considers a hadas of this type non-kosher. [C]

A Triple-Leaved Majority that is Not Consecutive

When the hadas is covered by a triple-leaved majority that is composed of several non-consecutive areas (FIG. 134), **it is kosher.**[27]

134. A non-consecutive triple-leaved majority. Two handbreadths on top and one on the bottom are triple-leaved, but the middle is not.

135. The top is not triple-leaved, but three handbreadths below it are.

A Hadas whose Top is Not Triple-Leaved

If a hadas has three full handbreadths that are triple-leaved (FIG. 135), **it is kosher, even if its top is not triple-leaved.**[28]

This should not be compared to a hadas with a withered top, which is unacceptable according to some opinions (see below), because a withered hadas is considered worse than one that is not triple-leaved.[29] Nor is it appropriate to cut the top off to make it appear to be triple-leaved, since that too makes the hadas unacceptable according to some opinions (see below).

136. A hadas with a tender green top.

When the Top is Soft and Green

According to some authorities, the soft, green, non-woody part of a hadas (FIG. 136) cannot be included in measuring the required size. Others do consider it part of the total hadas.[D]

137. A hadas whose leaves cover each other as well as the stem.

138. A hadas whose leaves do not cover each other.

☐ THE LEAVES LIE ONE ON TOP OF THE OTHER

An ideal hadas has the leaves of each level overlapping the leaves of the next level (FIG. 137). Rashi explains: "*Avos*—that the stem is covered with leaves that are braided and lie upon each other."[30]

Even if the leaves of a hadas do not lie one upon the other (FIG. 138), it is nevertheless kosher.[31][E]

Furthermore, **a hadas is kosher even if the levels are so far apart that the leaves of each level do not reach the stems of the leaves above them** (FIG. 139).[32 F]

139. The leaves of each level do not reach the next level.

☐ LEAF SIZE

Ideally, the leaves should be no longer than the width of one thumbnail [33] (FIG. 140).

A Hadas with Large Leaves

It is preferable not to use a hadas whose leaves are as long as the width of two thumbnails.[33 G]

When the Tops of the Leaves Are Uneven

As long as a hadas is triple-leaved at its stem, it does not matter if the tops of its leaves are not even.[34]

140. A leaf as long as a thumbnail is wide.

141. A double-leaved hadas.

When One Leaf Is Above or Below the Other Two
When one leaf at each level is above the other two,[35] or below the other two,[36] it is called a *hadas shoteh* (a "foolish hadas"). **A *hadas shoteh* may not be used on any day of Sukkos.** [37H]

A Double-Leaved Hadas
A hadas with two leaves (rather than three) **at each level** (FIG. 141) **is not kosher.**[38]

☐ AN INTACT TOP

It is advisable not to use a hadas if any part of the top of the stem is cut off.[39] **Some permit its use, nevertheless, because the leaves generally hide the broken top** (FIG. 142).[40] Seemingly, if the leaves do not cover the broken top (FIG. 143), they would also advise against its use. However, once the part that is visible above the leaves is cut off (but not on the holiday itself!), this opinion should permit its use, provided that sufficient length remains.[41 I]

Even according to the stringent view, however, it is kosher if new growth covers the cut part.[42] This can happen when a soft-topped hadas is placed in water. The water encourages extra leaf growth, and, occasionally, growth of a shell over the cut part.

All agree that the hadas is kosher if only the leaves on top (as opposed to the stem) **are cut.**[43]

☐ A WITHERED HADAS

Semi-withered hadassim (FIG. 144) **are kosher.**[44] Nevertheless, it is advisable not to use a hadas whose upper leaves have withered, unless they are removed (without cutting off the top of the stem).[45]

144. A semi-withered hadas.

Intact Top

142. A hadas with a cut-off top.

143. A hadas with a cut-off top which is visible.

145. A hadas that branches off to two tops.

A Hadas that Ends in Two Stems

Some hadassim split into two stems at the top (FIG. 145). **It is unclear whether the hadas would be kosher if one of the two stems is cut off.**

If both tops are removed (thereby aesthetically improving the appearance), it clearly should be considered as if the top is cut off. If only one of them is cut off, however, the other one may possibly be considered "the top," and the hadas thus considered kosher.^J

☐ A GRAFTED HADAS

A grafted hadas may not be used.[46] Nevertheless, this only applies to hadassim that are known to be grafted. If there is doubt on this point, the hadas may be used, and there is no need to assume the worst.[47]

There are many types of hadassim that are sold, and they do not all resemble the classic hadassim of Tzefas (Safed). That does not mean that they are grafted forms. Rather, even a transplanted Tzefas hadas will look different than it looked originally, depending upon the soil and climate of the place in which it is planted.

NOTES

1. Rambam, *Introduction to the Mishnah*.
2. *Sukkah* 32b.
3. *Mishlei* 3:17.
4. *Zecharyah* 8:19.
5. TB *Sukkah* 32b.
6. Rashi's commentary to *Michah* 7:3; Radak's commentary thereon; *Tosfos, Menachos* 38a, s.v. *ha-techeles*.
7. Rashi, *Sukkah* 33a, s.v. *asa*.
8. *Tosfos, Sukkah* 32b, s.v. *telata*.
9. Rosh, *Sukkah* 32b.
10. Ritva, *Sukkah* 32b.
11. Tur 646.
12. *Chiddushim U'biurim* 5; *Kehillos Yaakov, Sukkah, Likkutim* bases this on the Jerusalem Talmud.
13. From conversations with Rabbi Chaim Kanievski, and from those close to Rabbi Chaim Graineman.
14. *Shulchan Aruch* 646:1.
15. *Mishnah Brurah* 650:1, citing the Ritva. He disagrees with the *Pri Megadim* there.
16. *Chazon Ish* 146:8. See Rabbi Y.Y. Fisher's approbation to *Arba'as Ha-Minim*, in which he questions why that space should not be considered a natural part of the hadas.
17. *Shulchan Aruch* 646:5.
18. Ran, cited in *Shaar Ha-Tziyun* 646:19.
19. *Maggid Mishneh, Lulav* 7:2.
20. *Shulchan Aruch* 646:5.
21. *Shulchan Aruch Ha-Rav* 646:3.
22. *Chazon Ish* 147.
23. *Shulchan Aruch Ha-Rav* 646:3.
24. *Bikkurei Yaakov* 646:1.
25. *Pri Megadim, Mishbetzos* 646:9.
26. *Shulchan Aruch Ha-Rav* 646:3.
27. *Bikkurei Yaakov* 646:14; *Shulchan Aruch Ha-Rav* 646:3. The *Biur Halachah* 646:5, seems to imply that the *Pri Megadim* is doubtful on this point. Nevertheless, careful scrutiny of the *Pri Megadim* in *Mishbetzos Zahav* 646:9 indicates that his doubt refers only to a hadas of six handbreadths in which a majority of the hadas is not triple-leaved, even if a majority of the required size is. Accordingly, when there is a majority of the hadas itself, there is no question.

28. There is a widespread story that Rabbi Chaim Soloveichik used to accept hadassim of this type when they had three full handbreadths that were triple-leaved.
29. See *Mishnah Brurah* 646:19.
30. Rashi, *Sukkah* 32b, s.v. *anaf*. This is ruled binding by the *Shulchan Aruch Ha-Rav* 646:1.
31. *Bikkurei Yaakov* 646:11.
32. *Bikkurei Yaakov* 646; *Tosefes Bikkurim*, end of 646; *Chazon Ish* 146:15.
33. *Daas Torah, Yoreh Deah* 35:24.
34. *Kappos Temarim, Sukkah* 33a.
35. Rambam, *Lulav* 7:2; *Shulchan Aruch* 646:3.
36. Rashi and Ritva, *Sukkah* 32b.
37. *Mishnah Brurah* 646:11.
38. *Mishnah Brurah* 646:15. The Rama (646:3), cites the custom to be lenient, because it is not considered a *hadas shoteh*. Nevertheless, the later authorities such as the *Biur Ha-Gra* 646:8, *Chacham Tzvi* 161, and the above-cited *Mishnah Brurah* disagree.
39. This is the opinion of Raavad, cited in *Shulchan Aruch* 646:10. The *Biur Halachah* 645:6 equates the top of the hadas with the top of an esrog. Accordingly, the smallest flaw renders it non-kosher.
40. The first view cited in *Shulchan Aruch* 646:10.
41. *Shaar Ha-Tziyun* 646:32.
42. *Meiri*, cited in *Magen Avos* 646.
43. *Shulchan Aruch* 646:10.
44. *Shulchan Aruch* 646:6.
45. *Mishnah Brurah* 646:34.
46. *Pri Megadim* 649:3.
47. *Mishnah Brurah* 648:5.

Part Four

The Aravos

"And you shall take for yourselves on the first day [of Sukkos] ...willows of the brook." (*Vayikra* 23:40)

THERE ARE MANY varieties of willow, called in Hebrew aravah (plural: aravos). Some of these are kosher for use on Sukkos, while others are not. The only identifying sign given by the Torah is that it grows alongside brooks. This is understood to refer to a variety of willow; thus an aravah that grows nowhere near water can be kosher if it belongs to a variety that generally grows alongside brooks.[1]

This description is very general. The Talmudic sages determined three additional characteristics which differentiate between those varieties that may be used for aravos and those that may not.

The Signs of a Kosher Aravah

A kosher variety has:

- **a red stem,**
- **leaves shaped like a brook—narrow and long,** and
- **leaves that have smooth edges,** i.e., not serrated "like a saw."[2]
  - If the leaves have tiny serrations, they are still considered "smooth-edged."[3]

Non-kosher varieties:

- **do not have red stems,**
- **have round leaves,** and
- **have saw-like serrated edges.**[4]

☐ SAW-LIKE SERRATIONS

The definition of "saw-like serrations" is the subject of a dispute between Rashi and the Rambam.

The Opinion of Rashi

Rashi explains that the term "saw-like serrations" refers to "straight serrations that have two stems (*oktzin*), one on each side, similar to the serrations of a knife."[5] He explains that an aravah with "serrations like a sickle" (which may be used) refers to "serrations that all face one direction, curved towards its handle."[6]

It is helpful to turn to the laws of the *shechitah* (ritual slaughter) knife, to clarify the differentiation between serrations that face one direction and serrations that face both directions. A *shechitah* knife is supposed to have a sharp, smooth, unserrated edge.[7] A nick-like serration often develops in the knife in the course of its use. The nick can be in one of two forms: one-sided and two-sided. A one-sided nick can be felt by running a fingernail along the blade from the direction in which the nick is facing, to the nick. A fingernail running along the blade from the other direction, however, will feel nothing but a smooth blade. On the other hand, a two-sided nick on a blade will form a straight point that can be felt with the fingernail coming from either direction. A saw has straight points with indentations on either side of each point. A sickle, on the other hand, has serrations that are straight on one side with indentations on the other.

Rashi's intention can now be understood. **According to him, when the leaves of an aravah have pointed saw-like serrations with indentations on both sides** (FIG. 146), **it may not be used. On the other hand, an aravah may be used when its leaves have sickle-like serrations with indentations on one side only** (FIG. 147).

The Rambam's Opinion

The opinion of the Rambam on this point can be derived from his explanation of what "like a sickle" means. He writes, "...And there is a type of aravah whose leaf edges are neither smooth nor like a saw. Instead, it has very small indentations, similar to those of a small sickle, and it is kosher."[8] This implies that the Rambam disputes Rashi's differentiation between one-sided and two-sided serrations. **According to him, the differentiation** is based upon the size of the serrations. **A serrated aravah is kosher only when the serrations are very small** (FIG. 148). **An aravah is not kosher when the serrations are any larger** (FIG. 149).

146. Saw-like serrations with indentations in both directions.

147. Sickle-like serrations with indentations in one direction only.

Serrations

148. Relatively smooth-edged aravos.

149. Coarser serrations.

Each of the Four Species symbolizes unity and harmony:

...Rashi explains in Maseches Shabbos that aravos are called arvei he'ach in Aramaic because they grow together "in brotherhood" (ach means "brother" in Hebrew).

(from the Siddur of the Baal Ha-Tanya)

150. Both sickle-like and saw-like serrations.

The *Shulchan Aruch* rules in accordance with the opinion of the Rambam.[9] The *Chayei Adam*, however, rules in accordance with the opinion of Rashi.[10] **In any case, all would agree that an aravah whose leaves have both types of serrations** (FIG. 150) **should not be used.**

An Aravah Tree that Produces Several Types

It is permitted to use those stems of an aravah tree that produce leaves with minor serrations, even if other stems on the same tree produce large saw-like serrations.[A] This is commonly found on older trees, which can have large, wide leaves with large serrations, alongside other stems with smaller, narrower leaves.

151. An ideal aravah.

The Ideal Aravah

The following are the requirements for an ideal aravah (FIG. 151). Each of them will subsequently be explained at greater length.

1. **Long narrow leaves.**
2. **Leaf edges that are smooth or almost smooth.**
3. **A red stem.**
4. **A stem that is three handbreadths long.**
5. **An intact top.**
6. **A stem top that ends in a small new leaf (*lavluv*).**
7. **Freshness.**
8. **Intact leaves.**

152. Different shapes of the aravah leaf.

☐ LONG AND NARROW LEAVES

The leaves of an aravah should preferably be long and narrow (FIG. 152). Several early sources compare the shape of the aravah leaf to human lips.[11] Other than this, however, there is no further elaboration of the Talmudic phrase "shaped like a brook."[12] Perhaps, however, the Talmudic sages chose the simile of "a brook" because the shape of the aravah leaf is different from other leaves. Accordingly, it loses its preferred status when the leaf is very wide, since then it is similar to other leaves as well. **Furthermore, when the leaves are wide, they generally have coarser serrations, which is problematic in its own right.**

153. Serrations that are almost invisible.

☐ SMOOTH LEAF EDGES

It is preferable to use an aravah whose leaves have totally smooth edges. Nevertheless, small serrations (FIG. 153) are also kosher. The opinions of Rashi and the Rambam on this point were discussed above. It was also mentioned that the *Shulchan Aruch* rules in accordance with the Rambam. Although the Rambam himself does not discuss the maximum acceptable size for the serrations, he does require that the serrations be "very small."[13] The implication is that when one has two aravos to choose from, and the serrations of one are smaller than the other, the one with the smaller serrations is preferable to the one with the larger serrations. On the other hand, there is no implication that the one with the larger serrations may not be used. According to Rashi, of course, the whole discussion concerning the size of the serrations is superfluous. It was explained that the determining factor, according to him, is whether the serrations themselves are indented on only one side.

☐ A RED STEM

It is preferable to use an aravah with a reddish stem (FIG. 151). The whole stem need not be reddish, as long as it is partially red.[B] The reason that partially red is sufficient, is that the reddish pigment is produced as a result of exposure to direct sunlight. Thus, a partially red stem is merely an indication that there was insufficient direct sunlight on the stem. Similarly, the presence of some red stems on a tree indicates that the absence of red on other stems merely results from a lack of direct sunshine. Since it is not an indication of a different species, it may be used. **Accordingly, when a reliable merchant relates that both his green-stemmed aravos and his red-stemmed aravos come from the same tree, the green-stemmed aravos may also be used.** Nevertheless, since there are green-stemmed species that resemble the aravah and are unacceptable, using a red-stemmed aravah is preferable, since it ensures that the right species is being used.

A Brown Stem

Many aravos are brown-stemmed rather than red-stemmed. They are kosher as well, since the color brown is considered part of the red family.[14]

☐ LENGTH OF THE ARAVAH

The aravah should be at least three handbreadths long.[15] According to the Chazon Ish, that is at least 29 centimeters (11.4 inches), whereas according to Rabbi Chaim Naeh, that is at least 24 centimeters (9.45 inches). Under circumstances in which it is difficult to find aravos of this length, however, two-and-a-half handbreadths are sufficient. According to the Chazon Ish, that is 24 centimeters (9.45 inches), whereas according to Rabbi Chaim Naeh, that is 20 centimeters (8 inches). **The length is measured on the stem itself, not including the leaves.** In other words, when the leaves rise up above the top of the stem they do not count as part of the required three handbreadths.[16]

154. An aravah with a cut-off top.

The Preference for Aravos from Alongside a Brook

Some specifically seek out aravos that grew near a brook.[17] Nevertheless, many great authorities made no attempt to seek out this type of aravah.[18]

☐ AN ARAVAH WITH A CUT-OFF TOP

An aravah may not be used if the top of the stem is cut off (FIG. 154).[19] **This is true even if only the tiniest part of the top is cut off.**[20] The presence of a bud on top of a stem does not indicate that no leaf fell off, since leaves grow out from the side of a bud.

An Aravah with a Cut-Off Top Covered by a Membrane

An aravah is kosher when a membrane covers the part that had been cut off.[21 C]

155. The *lavluv*.

☐ LAVLUV*

Lavluv refers to the new growth of a young leaf from the very top of an aravah stem (FIG. 155). **The ideal aravah should also have a *lavluv*, specifically for those people who do not know how to properly examine the top**

156. The rounded *lavluv* opens, revealing another leaf inside.

of an aravah to determine whether the top has been cut off. The presence of a *lavluv* guarantees that the top of the aravah had not been cut off. Actually, most aravos grow with a *lavluv* which often falls off, because of lack of water, a blow, or from being transported.

* The origin of the word *lavluv* is unclear; it may be a colloquial term for the Hebrew *livluv*, which means new growth.

When the *Lavluv* Falls Off

It is not clear whether an aravah whose *lavluv* falls off is comparable to one whose stem was cut off at the top, in which case it is not kosher, or comparable to one whose leaves fell off, in which case it is kosher. The basis for this question is the fact that the *lavluv* is often composed of a leaf and another part which will eventually harden into the stem.

Actually, there are two types of *lavluv*. The first type generally grows on mature aravos that are woody from top to bottom. This type of *lavluv* will never develop into anything more than a leaf. Accordingly, when it falls off, the aravah should be kosher, as is the case when any other leaf on top falls off.[22]

The second type of *lavluv* (FIG. 156) generally grows on aravos with soft tops. It is part of the growth of the stem, and if it stays on the stem it will continue to grow as part of the stem, and leaves will emerge from it. It is this second type of *lavluv* that is composed of a leaf part and a stem part. In fact, if the rounded *lavluv* is opened (FIG. 156) it is possible to clearly see the part that will subsequently become a leaf and the part that will subsequently become part of the stem. It is therefore appropriate to question whether when the entire *lavluv* falls off it is considered as if the stem top were cut off.

On a deeper level, the question is whether soft green growth, which will subsequently harden, is considered as if it is already part of the woody stem and thus, not kosher when cut off. On the other hand, perhaps it is not considered "woody" until it actually hardens. Accordingly, since the problem of "cut off" applies only to the (woody) stem, perhaps it may be used.[D]

Needless to say, an aravah with a *lavluv* is preferable, since there is then no question that the top is kosher.

☐ A WITHERED ARAVAH

An aravah may not be used when a majority of its leaves are withered (FIG. 157).[23] Nevertheless, if a majority of three handbreadths are not withered in a large aravah, it is kosher even if a majority of its leaves are withered.[24]

It is not quite clear exactly how withered the leaves must be before they may not be used.[E] Nevertheless, **since aravos are so readily available, it is preferable to rule that an aravah leaf that is dry enough to crumble when broken by a fingernail is considered withered.**

157. A withered aravah.

Aravah Leaves that Droop

When the leaves of an aravah begin to wilt (FIG. 158), they generally droop. The Chazon Ish questions whether they can then be used.[25] The basis for this question is the rule that the four species must be held the way they grow.[26] If every part of each of the four species must also point in the same direction in which it grows, an aravah with droopy leaves should not be acceptable.[F]

☐ MISSING LEAVES

Some of the Leaves Fell Off

It is preferable to avoid using an aravah that has lost some of its leaves.[27] Accordingly, care should be taken to place the aravos in their holder (the *koishikel*) **without ripping any leaves.**[28] On the other hand, the aravah is fully kosher when only part of a leaf (or leaves) is missing.[29G]

158. Aravah leaves that droop.

☐ STOLEN ARAVOS

Aravos may not be used if theft was involved in any part of the process of obtaining them, beginning with their being cut, and ending with their use.[30] Accordingly, care must be taken to purchase aravos only from people who cut them with the permission of the owner.[31]

An Aravah without the Three Kosher Signs

An aravah is not kosher unless all three signs—a red stem, long and narrow leaves, and smooth-edged leaves—are present. Accordingly, rounded leaves (FIG. 159) are not kosher.[32H]

159. An aravah with rounded leaf tops.

160. *Tzaftzafah*.

Tzaftzafah

The *tzaftzafah* is a species of willow (FIG. 160). Its leaves are relatively rounded when mature, but when young they are shaped like those of an aravah. **It may not be used.**[I]

White Aravos

White aravos (FIG. 161) **are a very common species of willow in Israel. It is advisable not to use them**. It has relatively wide leaves of exceptionally coarse serrations, some of which are double-edged. Botanists dispute whether this species was originally red-stemmed.[33] It is difficult to check individual trees for red stems, since most aravos of this type have been crossbred with standard aravos. The following are the identifying characteristics of the white aravah: Its leaves are whiter than the leaves of other aravos; its stem is a very light walnut color; fine, hair-like projections give a velvety texture to its leaves.

161. White aravah.

Weeping Willow

The weeping willow grows alongside brooks and has long, narrow leaves (FIG. 162). On the other hand, its leaves generally have exceptionally coarse, saw-like serrations. **It should preferably not be used.**[34] It can be identified by its extremely narrow leaves that appear to be folded over somewhat (as well as its coarse serrations).

162. Weeping willow.

163. *Chilfah gilah*.

Chilfah Gilah
The Talmud permits using the *chilfah gilah* as an aravah.[35] The Rivav, of the *Rishonim* period, explains that this refers to a species of aravah with leaves that are curved like a sickle, but are smooth-edged.[36] Aravos of this description (FIG. 163) can be found in Israel in Neot Kedumim, near Lod. They have red stems and perfectly smooth-edged leaves, but the leaves curve.

164. Acacia.

Acacia

Although the acacia superficially resembles an aravah (FIG. 164), it neither has all three signs nor does it grow alongside brooks. **It may not be used.** It can be identified by feeling its leaves, which are thicker than those of an aravah.

165. Almond tree.

Almond

An almond stem resembles an aravah (FIG. 165), but the almond tree is not a species of willow. **It may not be used.** It can be identified by the fact that leaves grow from three sides of the stem, unlike the aravah, in which leaves grow from two sides. (For photographic purposes, the leaves of the third side were removed.)

166. Eucalyptus.

Eucalyptus

The eucalyptus (FIG. 166) **should preferably not be used,** despite the fact that it has all three signs of a kosher aravah: It has a red stem, it has long and narrow leaves and these leaves are completely smooth-edged.[J] It can be identified by its characteristic fragrance.

Aravos for the *Hoshana*

Anything that renders an aravah non-kosher renders a *hoshana* (the bundle of five aravos used on *Hoshana Rabbah*) **non-kosher**. (An exception is when the leaves fall off. As long as one leaf is left on each stem, it may be used.[37]) **Some specifically seek exceptionally long, leafy stems.**[38] **It is also preferable to use fresh aravos for the *hoshana*,** despite the general permissibility of semi-withered aravos.[39 K]

NOTES

1. Rambam, *Hilchos Lulav* 7:3.
2. *Sukkah* 34a.
3. *Pri Megadim* 647.
4. *Sukkah* 34a.
5. Rashi, *Sukkah* 34a, s.v. *v'ha-tanya*.
6. Ibid.
7. See *Shulchan Aruch Yoreh Deah* 18.
8. Rambam, *Hilchos Lulav* 7:4.
9. *Shulchan Aruch* 647:1. It is somewhat difficult that the opinion of Rashi is not even mentioned, despite the fact that many *Rishonim* agree with him.
10. *Chayei Adam* 150:9.
11. *Midrash Rabbah* and *Tikkunei Zohar*, cited in *Manhig, Hilchos Lulav*.
12. *Sukkah* 34a.
13. Rambam, *Hilchos Lulav* 7:4.
14. See Rashi, *Bereshis* 30:32; Rashi, *Sukkah* 35b, s.v. *b'ahina*.
15. Rama, 650:1.
16. *Shulchan Aruch* 650:1.
17. *Tosfos*, *Sukkah* 34a; Rif, cited in Rosh, *Sukkah* 34a; Rashi, *Sukkah* 33b; *Shibbulei Ha-Leket* 356; *Tanya, Inyan Aravah*; *Tzeidah La-Derech* 4:6.
18. Rosh, op cit.; Rambam, *Lulav* 7; Taz, cited in *Mishnah Brurah* 650:3.
19. *Shulchan Aruch* 647:2.
20. *Biur Halachah* 647:6, s.v. *pasul*.
21. *Shaarei Teshuvah* 647:3.
22. See *Mishnah Brurah* 646:10.
23. *Shulchan Aruch* 647:2.
24. *Mishnah Brurah* 647:7, 9.
25. *Chazon Ish* 146:35.
26. *Shulchan Aruch* 651:2.
27. *Mishnah Brurah* 647:11.
28. *Magen Avraham* 647:1.
29. *Daas Kedoshim*, cited in *Orchos Chayim* 647.
30. *Shulchan Aruch* 649:1.
31. *Biur Halachah*, 649:1, s.v. *shelo*.
32. *Pri Megadim*, cited in *Mishnah Brurah* 647:2.

33. Vechselfish, in *Teva Va-Aretz,* volume 11, considers it part of the *tzaftzafah* species. On the other hand, Professor Felix, in *Chai V'Tzome'ach ba-Torah*, page 159, asserts that the stem was originally red and that it is of the kosher aravah species.
34. See *Sefas Emes, Sukkah* 34a.
35. TB *Sukkah* 34a.
36. Rivav, commentary on the Rif, *Sukkah*, p. 15.
37. Rama, 664:2.
38. *Chayei Adam* 153.
39. *Mishnah Brurah* 664:18.

ומש״כ הגרצ״פ זצ״ל בספרו הר צבי יו״ד סי׳ קפ״א לפסלו משום שאין בה עלים בראש הענף, צריך עיון שבמציאות יש עלים בראש הענף, וכמו בתמונה.

ומש״כ לפוסלה מפני שיש בה ריח, ראה בספר ״פרדס פתחיה״ ח״ג, פרשת אמור, להרב מענקין ז״ל שציין לדברי התפארת ישראל חולין פ״ג אות ט׳ שדן להכשיר הדס אע״פ שאין בו ריח, ואז יש להכשיר גם ערבה שיש לה ריח, אך למש״כ שלמסקנת הגמ׳ הקובעת מהו הדס, כל שאין בו ריח פסול אם־כן הוא הדין לגבי ערבה שיש בה ריח, עיין שם.

כמו כן אין לפוסלה בגלל שאין שמה ״ערבה״ [כעין שאמרו בחולין נט, א לגבי ״חגב״ שמלבד הסימנים שצריך כדי להכשירו, צריך גם שיקראו לו בשם ״חגב״] שהרי לא הוזכרו אלא ג׳ סימנים להכשיר ולא הוזכר תנאי של שם ״ערבה״.

וכן יש להוכיח מזה שפסלו ״צפצפה״ מפני סימני פסלות שיש בה, ולא פסלוה מפני ששמה ״צפצפה״ ולא ״ערבה״. ומבואר עוד בסוכה לד, א, שמשחרב בית המקדש הוחלף השם מחלפתא לערבתא ומערבתא לחלפתא, ואעפ״כ לא נפסלה מצד שאין שמה ערבתא, מוכח, ששם ״ערבה״ אינו תנאי בהכשרה.

וכן יש להוכיח מסידורו של רב סעדיה גאון עמוד רל״ו שהביא סימני הערבה הכשרים וציין שם שבמצרים קוראים לו צפצפה, ואעפ״כ כשר, מוכח מזה שאין תנאי לקראו בשם ״ערבה״.

[וראה באבני נזר או״ח סי׳ תפ״ה ״שהביא בשם גאון אחד שמעצי ערבה עושים נסרים״, וזה לא שייך בסוגי עצי ערבה שלנו שאין בהם רוחב ד׳ טפחים אם לא שמיירי באקליפטוס].

K

והנה כשם שיש להדר בערבת הלולב שתהא עם לבלוב, לכאורה הוא הדין לערבת ההושענא, אך העירני הרב הגאון ר׳ משה הלר שליט״א, שבירושלים לא הקפידו כ״כ בהושענות שיהא להם לבלוב ואינו יודע טעם לדבר. ואפשר שמאחר שענין ״לבלוב״ הוא שלא יהא בו חשש נקטם, ומכיון שדין נקטם פסולו משום הדר, לכן אע״פ ששיטת הראב״ד לפסול ערבה קטומה ללולב, מ״מ הרי שיטת הראב״ד גם שפסול הדר ליתא במקדש בשאר ימים כמו שכתב בהשגות ובתמים דעים, ולכן נטילת ענין של לבלוב בערבה של הושענא.

וכבר הוזכר כן במהרי"ל הלכות לולב [עמוד שצ"ב סעיף ג' הוצאת מכון ירושלים] "רק אמר להתירו ולראות שיהא מונחין כולו כדרך גדילתן וגם לא כפופין".

ובאמת הרמ"א בסימן תרנ"ד הביא המנהג להחליף כל יום את הערבה, אך ראה זה דבר חדש מצאתי בטעמי המצוות להרדב"ז שכתב וז"ל: "ומשום הכי אין אני נוהג להחליף הערבה כל שבעה דכמשה עדיף טפי", ועיין שם שהסביר שענין ערבה הוא שסמא"ל נאחז משם וצריך להחליש כחה, ולכן אמרו "חביט חביט ולא בריך" עיין שם.

G

ויש להעיר כשמחליף ערבה יבשה ביו"ט עצמו, שיחליפנה כלאחר יד, או ינער אותם מהכיס, דאל"כ יש חשש טלטול מוקצה.

H

וצריך לומר שאע"פ שבסוכה לד, א מבואר שחילפא גילא כשר אע"פ שאין לה ג' סימנים, רק ב' סימני כשרות כמבואר בטור סי' תרמ"ז, אין זה אלא משום שכך סדר ברייתה ולכן כשרה.

ומפורש במחזור ויטרי עמוד שס"ו: "שמעינן מהכא שצריך להחמיר בדבר לפסול כל ערבה שאין לה ג' סימנים".

I

בסוכה לד, א "ת"ר ערבי נחל הגדלות על הנחל, פרט לצפצפה הגדלה בין ההרים", ומפורש במאירי שם, שאף אם תמצא צפצפה גדלה על הנחל פסולה. וכן משמע מלשון הרמב"ם פ"ז מלולב, "ערבי נחל האמורות בתורה אינן כל דבר הגדל על הנחל אלא מין ידוע הוא הנקרא ערבי נחל". וכן מפורש בריא"ז סוכה דף ט"ז מדפי הרי"ף.

צפצפה היא "מין ערבה" כמוש"כ רש"י סוכה לג, ב במשנה "שהוא מין ערבה" וכן הוא ברש"י יחזקאל יז, ה "צפצפה מין אילן ערבה", ואפשר שמש"כ הרמב"ם על הצפצפה — "ויש מין אחר הדומה לערבה", וכן במאירי — "שאינו מין ערבה", אין זה משום שחולקים על רש"י, אלא כוונתם שאינו ממין ערבה הכשרה למצוה.

ועי' במגן אברהם תרמ"ט ס"ק כ"א, שמשמע מדבריו שאינו ממין ערבה. וכן כתב במשנה ברורה תרמ"ז ס"ק ד' — "שצפצפה פסול מן התורה שאינה בכלל ערבה כלל".

וצריך עיון מה שכתב הפמ"ג במשבצות תרמ"ז ס"ק א', שאפשר שצפצפה אינה פסולה אלא לכתחילה. וכדברי הפמ"ג מבואר גם בכפות תמרים. וצריך עיון.

J

למעשה לא נהגו לקחתה, אע"פ שצריך בירור בסיבת הדבר, ואמר לי הרב שבתי רוזנטל שליט"א שבכתב יד לדודי הגאון ר' צבי פסח פראנק זצ"ל הובא בשם הגאון המהרי"ל דיסקין זצוקו"ל שדן להכשירה.

והגרצ"פ פראנק פסלה גם מפני שיש לה ריח ובמדרש נאמר שלערבה אין ריח, וגם מפני שאין רוב גידולה על הנחל, ומבואר ברא"ש, סוכה, שצריך שיהא מין שרוב גידולו על הנחל, ולכן אותן עצי האקליפטוס שאין עיקר גידולם על הנחל פסולים.

D

ומצינו גבי איסור השתמשות באילן בשבת, מחלוקת הראשונים בקנה רך שסופו להתקשות האם נחשב ״לעץ״ ויש בו איסור השתמשות, או דינו ״כירק״ ואין בו איסור השתמשות, וראה רש״י עירובין לד, ב שנחשב כירק, והריטב״א בשם יש שפירשו (והם הרשב״א והר״ן) שדינו כעץ.

ובשו״ע או״ח של״ו סעיף א׳ נפסק כרש״י, שנחשב כירק ועיי״ש במ״ב ס״ק ז׳ שפסק שיש להחמיר עפ״ד הריטב״א ועוד ראשונים, שדינו כעץ.

וראה גם באגלי טל מלאכת קוצר, סימן ל״ב ס״ק י״א, שדן שם גבי הדסים שראשם ירוק ורך, אם נחשב ״כעץ״ ומצטרף לשיעור ג׳ טפחים, או נחשב ״כירק״ ואינו מצטרף לשיעור, והביא שלרש״י והראב״ד דינו כירק, ולהרמב״ם דינו כעץ.

ואעפ״כ מבואר מדבריו שם שאף אם דינו ״כירק״ מ״מ אם נקטם יהיה פסול.

והגאון ר׳ אברהם יעקב זלזניק שליט״א כתב לי בזה הלשון:

״בשו״ע או״ח סי׳ תרמ״ז ס״ב כתוב או שנקטם ראשה פסולה, ומביא המגן אברהם דהיינו דוקא שנקטם ראש העץ שלה, והמ״ב מסיים אבל בנקטם עליה ״אף שהוא מראשה״ אין נ״מ בזה ונחשבת כשאר העלין ועי׳ בכף החיים.

ואם נאמר כדבריך הרי אין בכלל דבר כזה שנקטם עליה מראשה, דהכל הוא עץ.

ומסתבר דענין זה לא שייך לנידון של האגלי טל לגבי הדסים, דנקטע העץ בערבות פסולו מטעם הדר, ובזה נקטו הפוסקים דכל שנראה שנקטם רק עלה אע״פ שזה אם יגדל יהיה כעץ, מ״מ כיון שהנראה לעין הוא שעלה נקטם שאין שם עץ, שפיר הוי הדר״. עכ״ל.

E

שיעור יבשות הערבה לא מפורש בשו״ע, ובפמ״ג בא״א תרמ״ז ס״ק ב׳ מצדד שאף בלא כלה מראית הירקרקות לגמרי, אלא נפרך בציפורן פסול. אמנם במשנה ברורה תרמ״ז, ובשעה״צ ס״ק ו׳, מכריע כהבכורי יעקב, ששיעורו משיכלה מהם מראה הירקרקות לגמרי, וכ״ה בשו״ע הרב סעיף ו׳ ״שהלבינו פניו״.

אמנם, במציאות, הלבינו פניו הוא הרבה זמן אחרי שנפרך בציפורן. [וכך רואים באותם הושענות הנמצאים בבית הכנסת מעל ארון הקודש שלפעמים גם לאחר חודש עדיין לא הלבינו פניהם].

ומצאתי מפורש במעשה רוקח הלכות לולב סי׳ קנ״ג שכתב, ״יבשה שנפרכת ביד פסולה״, וכן הוא במגן אבות להמאירי.

וראה בר״ן תחילת פרק לולב הגזול שכתב ״לפיכך נראה שהדבר תלוי באומד מראית העין, כשנשתנה מראהו ללובן מצד יבשות והרי הוא כעץ יבש״.

F

וראה בשל״ה, סוכה, עמוד ע״ו שכתב: ״לכן יזהר בהדס להתיר אגודתו לראות אם מונח כתיקונו, כי הגויים לפעמים נותנים עוקצו של זה לצד עיקרו של זה, ולפעמים גם כופפין ראשיה כדי שלא ינשרו העלין ואז לא מונח כדרך גדילתו, אך יזקיף ויפשוט ראשי הגבעול ויניחם כולם כרגילתן״. עכ״ל.

הערות לערבה

A

כן משמע ברבנו ירוחם המבאר ״שחילפא גילא״ המבואר בסוכה ל״ד, א, שכשר, יש בו סוג כשר וסוג פסול ואעפ״כ הסוג הכשר לא נפסל בשל כך, וראה לחם משנה פ״ז מלולב ומאמר מרדכי ס״ תרמ״ז.

נמצא, שכמו ״שבחילפא גילא״ שיש לו ב׳ סוגים אין נפסל אלא הסוג הפסול, כמו״כ אפשר שכאשר בעץ אחד ישנם ב׳ סוגים שאינו נפסל אלא הענף בעל התכונה הפוסלת והענף שאין בו תכונה זו כשר.

הדבר שכיח בעץ ערבה זקן שמוציא ענפים בעלי עלים רחבים מאד שפגימותיהן גסות, וכבר ראיתי בו עלה בגודל של 25 ס״מ. ולהאמוכן משמע ברבנו ירוחם המבאר ״שחילפא גילא״ המבואר בסוכה ל״ד, א, שכשר, יש בו סוג כשר וסוג פסול ואעפ״כ הסוג הכשר לא נפסל בשל כך, וראה לחם משנה פ״ז מלולב ומאמר מרדכי ס״ תרמ״ז.

נמצא, שכמו ״שבחילפא גילא״ שיש לו ב׳ סוגים אין נפסל אלא הסוג הפסול, כמו״כ אפשר שכאשר בעץ אחד ישנם ב׳ סוגים שאינו נפסל אלא הענף בעל התכונה הפוסלת והענף שאין בו תכונה זו כשר.

B

בבית יוסף ס״ תרמ״ז מסתפק האם עיקר הפסול ״כשהקנה לבן״, וכל שאינו לבן כשר אע״פ שאינו אדום, או שעיקר ההכשר הוא ״כשהקנה אדום״ וכל שאינו אדום פסול אע״פ שאינו לבן, ובסוף מסיק ״שדעתו נוטה״ שאע״פ שעכשיו ירוק מאחר שסופו להתאדם כשר.

וצריך עיון בדבריו, שהרי הרמב״ם שינה לשון הגמ׳ ולא כתב לפסול ״קנה לבן״ אלא כתב ״וקנה שלו אינו אדום וזהו הנקרא צפצפה״, ומפורש כצד השני של הבית יוסף. ומלבד זה, בדברי השו״ע עצמו כתב כלשון הרמב״ם שאם ״אינו אדום״ פסול.

C

וראה בשערי תשובה תרמ״ז סק״ג שכשר גם לכתחילה, ומה שכתב שזה דלא כהמג״א צ״ע, שהרי המג״א לא מיירי בעלתה בו תמרה.

ומקורו מסוכה לג, א, גבי הדס שעלתה בו תמרה אחרי שנקטם כשר, ועיי״ש ברש״י ״ועלתה בו תמרה כמין תמרה כעין הנמצא בעלי ערבה״.

ויש שגם בתלוש עולה תמרה בערבה, כמפורש בתוספתא פ״ב דסוכה הלכה ט׳. אמנם רבנו מנוח ב״ספר המנוחה״ כתב שאי אפשר שבערבה תעלה תמרה בתלוש, ועי״ז מיישב מדוע ערבה קטומה פסולה ואילו הדס קטום כשר, וצ״ע שהרי מפורש בתוספתא שם שגם בתלוש אפשר שתעלה תמרה בערבה.

וראיתי דבר חדש בספר ״עץ השדה״, שהביא בשם ״ספר המנוחה״ המביא בשם ר״ש ב״ר דוד, חילוק אחר בין הדס לערבה, משום דהדס אחר שנתלש ונקטם ראשו אפשר שתעלה בו תמרה, משא״כ בערבה שאי אפשר שתעלה בה תמרה בתלוש.

וצ״ע בדבריו שבתוספתא פ״ב דסוכה הלכה ט׳ מפורש ״הדס וערבה שנקטמו ראשן ועלתה בהן תמרות״ ומפורש שגם בערבה יכול לעלות תמרה. וראה רש״י סוכה לג, א ד״ה ועלתה ״כמין תמרה כעין הנמצא בעלי ערבה״ ופשטות התוספתא מיירי גם באופן שהיה בתלוש וכסוגיית הגמ׳ לענין הדס.

J

ומצינו בשו״ת הלק״ט ח״ב סי׳ ר״כ ״שאלה — ענף אחד של הדס, שיש לו סעיפים הרבה שהוא נחשב אחד, אם נקטם האמצעי, ונשאר סעיף אחד שלם, מהו, תשובה — אפשר שהוא יתקן במה שיחתוך האמצעי וישאר כמו בית יד לסעיף העליון, ולא יראה שהוא מחותך, ונקטם ראשו, וכו׳ עכ״ל.

והובאו דבריו בשערי תשובה סוף סי׳ תרמ״ו. וסיים שם השערי תשובה, ״ופשוט שעכ״פ צריך אורך ג׳ טפחים ואעפ״י שצריך למדוד כפיפתו ושיפועו שבאמצע הקנה לית לן בה כל שעליו חופין את עצו כדינו״.

ונראה שכוונת הלק״ט היא להדס שהוא ישר, ובאמצעו יוצא ענף לצד, ונקטם ראש ההדס שהולך ישר, שבזה הרי נראית קטימתו ופסול, ולכן נתן עצה לחתוך עד מקום הענף ההולך בצד, ושם במקום החיבור הרי מכוסה בעלין, ואז לא יהיה ניכר מקום הקטימה, ויוכשר ההדס, ע״י שנאמר שהענף בצד עם חלק עיקרו שהולך בשווה נחשב כענף אחד. וזהו שהוסיף השערי תשובה, שאעפ״י שעי״ז נצטרך להביא בחשבון השיעור את החלק הנוטה לצד בשיפוע, לית לן בה.
השני ייחשב כראש ההדס.

אבל אם נקטם גם הצד השני — בזה נחשב כהדס הקטום, ואם ניכרת קטימתו חיישינן לשיטת הראב״ד לפסלו.

תרי גווני של הדס שוטה, א) הדס שוטה ממש, וזה סוג מסויים של הדס ד"רברבן טרפיה ופתיין", ב) הדס שאינו עבות, ועל הדס כזה אמר מר בר אמימר (בסוכה דף ל"ב ע"ב) "אבא לההוא הדס שוטה קרי ליה", היינו דכינה אותו "הדס שוטה", לומר שהוא פסול כהדס שוטה, אבל אינו הדס שוטה ממש. ועיין בס' חיים וברכה (ס"ק נ"ה) דהביא בשם שו"ת דבר משה לפרש כן ד' הבה"ג. והמעיין בד' הבה"ג יראה דעל הדס שוטה ממש הוא דאמר דפסול "בין לחודיה ובין בהדי אסא אחרינא", והדס זה י"ל דבאמת הוי כמין אחר ממש, ויש בו משום בל תוסיף לד' הבה"ג, וכ"כ בס' אבן האזל בהל' לולב, עיי"ש, וכפי הנראה כן הבין גם בעל ההגהות בסו"ס הלכות גדולות, ע"ש. וא"כ רק אם הוא סוג אחר של הדס יש מקום לפוסלו לד' הבה"ג.

ברם אמר לי הגאון ר' רפאל רייכמן שליט"א דלדעתו גם אם ההדס הוא מסוג כזה שכולו עם עלין גדולים אין להחמיר, דנראה דכל הקפידא גם להבה"ג הוא רק שיהי' עבות, (ודלא כהאחרונים הנ"ל), דהרי חזינן מהרא"ש והטור ושאר הפוסקים שהבינו שהבה"ג פסל בהדי אסא אחרינא גם הדסים רגילים אם אינם עבות, וזה לכאורה דלא כהמפורש בד' הבה"ג דקאי אהדס שוטה דרברבן טרפיה ופתיין, ע"ש, ועי"כ צ"ל דהם הבינו ד' הבה"ג באופן אחר, דעיין בפי' הר"ח בסוכה ריש דף ל"ג ע"א דמפרש אסא מצראה "שעליו צרין וקיימי ז' בקינא", ובאותה מידה י"ל דכשעליו רחבים מאד אין גם ג' בקן אחד, וא"כ י"ל ד"הדס שוטה" הוא באמת סוג מסויים של הדס שעליו רחבים מאד, אבל אין זה סיבה מצד עצמה לפוסלו, וכל פסולו הוא רק משום שאינו עבות, דלא קיימי ג' בחד קינא. ומה דאמר מר בר אמימר על הדס של "תרי וחד" "אבא לההוא הדס שוטה קרי ליה", היינו לומר דהדס כזה פסול כמו הדס שוטה דפסול משום אינו עבות. (והא דגרע הדס שוטה מהדס שעליו "תרי וחד", י"ל ד"תרי וחד" מיירי באופן שהעלה השלישי סמוך לתרי העלין, עיין בריטב"א ובמאירי, או שהוא ארוך ועולה על השנים, כמש"כ הר"ן). ונמצא לפי"ז דהדסים שכל חסרונם הוא מה שהעלין שלהם גדולים מהרגיל, כשרים הם לכו"ע. עכתו"ד.

H

ומה שאיתא בזהר פרשת תצוה (דף קפו, ב) "וענף עץ עבות, עליו דיליה דא בסטרא דא, ודא בסטרא דא, וחד דשליט עלייהו", ומשמע שהעלה השלישי מעל השניים צריך לומר שאין כוונתו שהוא למעלה מהם, אלא כל שהוא באמצע בין השנים, נקרא הדבר ששולט עליהם.

ובהכרח לפרש כן שהרי ברא"ש ס' ג' פרק ג' דסוכה סימן י' כתב ג"כ כלשון הזה, ומיירי בהדס הכשר, שכתב "כי שלשה עלים של קן, אחד יוצא מכאן, ואחד יוצא מכאן, והשלישי באמצע מורכב על שניהם, והוא הנקרא ראש ובו תלוי ההדר, כי הוא נראה יותר מהאחרים".

וכלשון הזה הוזכר גם בשו"ע סעיף ח' "והוא שיהיה העלה שהוא מורכב על שניהם", הרי שמאחר שעומד בין שני העלים קורא לו מורכב על שניהם, ואין הכוונה שהוא גבוה מהם, ולפי"ז סרה תמיהת הגרע"א בגליון שם.

I

כאמור, טעם המכשירים נקטם בהדס הוא משום שעליו חופין את ראשו ואין הקטימה ניכרת, ולכן בערבה לכו"ע קטומה פסולה שהואיל ואין עלים המכסים אותה, ניכרת הקטימה ופסולה.

ליקח ענף שצמח מהגזע עצמו ולא מענף, עיי״ש, מפורש עכ״פ בירושלמי שאין פסול במה ״שההדס רך״.

ויש להוסיף על דבריו שבכד הקמח לרבנו בחיי עמוד רל״ה, מוכח שענף עץ אין הכוונה ענף שהוא עץ שכתב וז״ל: ״וענף עץ עבות, מלת ״עבות״ חוזרת לענף לומר שיהיו הענפים עבות״. מבואר שעץ וענף הם ב׳ דברים נפרדים ולכן ביאר שמילת עבות חוזרת ל״ענף״ ולא ל״עץ״, ובהכרח ״שענף עץ״ הכוונה ״ענף מעץ״.

E

אע״פ שעל ידי זה נראה העץ, מ״מ הוא ״מין״ עבות. וברמב״ם וטור שו״ע לא הוזכר ענין ״שוכבין על אפיהן״ כמוש״כ רש״י. וברבנו ירוחם נתיב שמיני ח״ג כתב, שהתנאי של עליו חופים את עצו, אינו מעכב וז״ל ״עץ עבות שהוא הדס שענפיו חופין את עצו, פירוש לא שצריך כך, אלא כך דרכו, ונתן סימן שזה הדס״ והוא כדברי הבכורי יעקב. וראה גם בנטעי גבריאל עמוד ל״ח שביאר שכמו שבלולב שנפרדו עליו כשר, וביארו הראשונים דאע״ג דכתיב ״כפות״, כיון שראוי להכפות כשר, ואין כפיתה מעכבת, ה״ה בזה כיון שראויים העלים להיות שוכבים זה על זה נקרא בשם עבות. (וראה בהגהות הרש״ש סוכה לב, ב שדן לפסלו וסיים לתמוה למה אין העולם נזהרין בזה).

F

וה״מור וקציעה״ בסי׳ תרמ״ו פוסלם, הואיל וחלק מהעץ מגולה, וכמו ציני הר הברזל בלולב שפסול משום שאין מגיע ראשו של זה לעיקרו של זה, ודבריו צ״ע שהרי מפורש בירושלמי שסגי אם העלים חופים ״רובו״ של העץ.

וברש״י סוכה לג, ב כתב, שציני הר הברזל הוא רק בלולב ולא בשאר המינים, ומזה ציין בספר ארבעת המינים עמוד קס״ט שמפורש שלא כדברי ה״מור וקציעה״, ויש לדחות שדברי רש״י שם קאי על המשנה שציני הר הברזל בלולב באופן שראשו של זה מגיע לעיקרו של זה כשר, והחידוש הוא שאין צורך שיהיו העלים שוכבים זה על זה, ולזה כיוון רש״י שחידוש זה באמת אינו שייך בהדס, שאין שייך בו שיהיו העלים ממש זה על זה ואין ראיה מכאן שלא כדברי ה״מור וקציעה״.

G

ומקור דבריו על פי דברי הבה״ג הלכות לולב שכתב ״והיכא דמי הדס שוטה דרברבן טרפי׳ ופתיין״ (והיינו שעליו גדולים בארכן וברחבן) וכ״כ בהלכות פסוקות לתלמידי רבנו יהודאי גאון הלכות לולב עמוד כ״ח ״ולמה דומה הדס שוטה שגדולים עליו ורחבים״ והובא גם ברי״ץ גיאות הלכות לולב עמוד ק״ב, ובסידור רש״י סי׳ רפ״ג, וכן ברב האי גאון בפירושו לטהרות פ״ג דעוקצין מ״ד שכתב ״הלוף השוטה — פירוש, זה לוף דומה לקולקוס, והוא במינו עליו רחבים, ואם הוא שוטה עליו רחבים יותר ויותר כדגרסינן לענין הדס שוטה״ וכ״כ בערוך ערך ״לוף״.

ופלא שדברי הבה״ג לא הובא בראשונים וטור שו״ע ושאר פוסקים האחרונים. וראה בספר המנהיג אחר שהביא דברי הבה״ג כתב ״ולא נהירא לי״.

והעירני הגאון ר׳ רפאל רייכמאן שליט״א דזה פשוט דאין שום מקום להחמיר בהדסים שהעלין שלהם גדולים, אם ידוע שהם מאותו הסוג של ההדסים הרגילים, דמדברי הבה״ג משמע דס״ל דיש

שאין בו, הרי אמרינן בסוכה לב, ב ואימא זיתא ואימא דולבא ואימא הרדופני, ומתרץ הש״ס בעינן עבות וכו׳ משמע דאי איכא כל הני כשר, אע״ג שעץ הזית ודאי אין עליו מריחים כהדס, ריחא לאו מילתא היא״.

ויש לדחות דבריו ולומר, שבאמת מצד לשון הפסוק, אין הריח מתנאי הכשר עץ עבות, ולכן היתה הוי אמינא לומר שהכונה לזית, דולבא, והרדופני אבל אחרי שמסקנת הגמרא, שכונת הכתוב היא להדס שבידינו, אם כן, הואיל ומין הדס שבידינו יש בו ריח, אם ימצא מין הדומה בכל להדס אלא שאין בו ריח, אין זה ההדס שהתכוונה התורה.

ובפרט לפי מה שכתב הרמב״ם בהקדמה לפירוש המשניות — זרעים, שחז״ל לא נסתפקו מהו ״ענף עץ עבות״ הואיל והיו מקובלים מפי השמועה ממשה רבינו שזהו ההדס שבידינו, ואין כונת הגמ׳ אלא למצוא לכך רמז בפסוק, ודאי הוא שאם נמצא עץ שיש בו כל הפרטים הנמצאים בפסוק, לא יוכשר הואיל ואינו ההדס הידוע לנו במסורת, והואיל וההדס שבידינו יש בו ריח, הדס שאין בו ריח אינו ״ענף עץ עבות״ שהתכוונה התורה.

B

ולדעתם מועיל ״רוב״ מדין רובו ככולו, אמנם להגאונים שצריך כולו הרי ודאי לא נאמרה כאן הלכה של ״רובו ככולו״ במקום שצריך ״כולו״, וכעין מה שבמקום שיש הלכה של ארבעים סאה לא יועיל ״רוב שיעור״.

C

ומדברי שו״ע הרב נראה שס״ל שפסול, שכתב בסעיף ג׳ ״כיון שרובו עבות, דהיינו שרוב קנים של עלין היוצאין בתוך אורך שיעורו שהוא ג׳ טפחים, יש בכל אחד ואחד מהם ג׳ עלין הרי זה כשר״ ומשמע מדיוק לשונו שרוב משולש כשר דוקא כשהוא בתוך שטח של ג׳ טפחים, אבל בהדס שהוא יותר מג׳ טפחים בזה אינו כשר, ואפשר שהוא מסברת הפמ״ג, שהואיל ורוב בד ההדס אינו משולש לא מספיק ״רוב עלים משולשים״.

D

באגלי טל מלאכת קוצר (סעיף ל״ב ס״ק נ״ט אות י״א) העיר שמאחר שכרגע אינו ״עץ״ אלא ״ירק״, באנו בזה למחלוקת הראשונים אם ״רך שסופו להקשות״ נחשב כעץ או לאו, ומסיק שמאחר שבתורה נאמר ״ענף עץ עבות״ וצריך שיהא לזה שם ״עץ״ הרי לשיטת רש״י והראב״ד כרגע אין לו שם ״עץ״ ואינו נכנס בשיעור ג׳ טפחים.

וראה בספר הזכרון להגר״י אברמסקי זצ״ל, עמוד שפ״ט, מה שהאריך בזה הגאון ר׳ אברהם יעקב זלזניק שליט״א לחלק בין הנידונים. ומלבד זה, העיר, ״שענף עץ עבות״ הכוונה של ״עץ״ איננה ענף שהוא עץ אלא ענף שהוא ״מעץ״, והיינו ענף של עץ וממילא אין צורך שיהא על הענף שם ״עץ״, ולכן אף שהוא רך וירוק ואין ע״ז שם ״עץ״, כשר.

וציין ג״כ מש״כ בביאור הגר״א או״ח תרמ״ו סקי״ז לבאר הירושלמי, שהיתה בו הוי אמינא שהידור הוא ליטול את אלו הענפים העליונים הרכים של ההדס, הצומחים מתוך ענפי ההדס ולא מגזעו, והוא ענף עץ עבות, ומסקנת הירושלמי שאינו הידור, אלא אדרבה מהודר יותר

הערות להדסים

A

ואמרו בגמ׳ שם, שצריך שיהיו שלשה עלים בכל קן, ולמדו זאת מהפסוק ״עבות״, וכמו שביאר רבנו בחיי בכד הקמח עמוד רל״ה, וז״ל:

״וענף עץ עבות, מלת ״עבות״ חוזרת לענף לומר שיהיו הענפים ״עבות״ כלומר שיהיו שלשה ענפים, ופירוש ענף כשהוא מחופה בעלין, שאל״כ אין זה ענף, אלא עץ, והתורה אמרה ״ענף עץ״. והנה עבות חוזר ג״כ לעלין שיהא שלשה וכו׳, ומה שכתוב ״עבת״ חסר ו׳ למדנו שצריך להיות העלין שלשתן יוצאים מעיקר אחד, ועל כן נכתב ״עבת״ בלשון יחיד, וזהו שאמרו ״תלתא תלתא בחד קינא״.

ומהיכן ידענו ״שעבות״ הוא שלשה, ראה ברבנו מנוח פ״ז מלולב ה״ב, שמצאנו בדברי הנביא מיכה (ז, ג) שמציין שלש עבירות, ומסיים בפסוק שם ״ויעבתוה״, משום ששלשה ענינים נקראים עבות.

ועיי״ש ברש״י שפירש ״ויעבתוה״ — עשאוה קליעה של חטא בין שלשתן כעבותות העגלה וכו׳ שהעבות משולש הוא״, וכ״כ שם ברד״ק ״ויעבתוה״ — ענין חוזק כמו החבל החזק שנקרא עבות וכו׳ כי כל עבות מג׳ חוטין, וכן ועבות העגלה, שהיא משלש רצועות והיא החזקה.

וכן מצאנו במדרש רבה (בראשית סח, יב) ״מה החבל הזה פחות משלשה אין מפקיעין אותו״, וכן הוא בתוס׳ מנחות לח, א ד״ה ״התכלת״ בשם הספרי ״שאין גדיל פחות משלשה חוטין״, וברש״י סוכה לג, א ד״ה ״אסא״ — ״דבבציר משלשה עלין לא הוי עבות״.

לפי״ז מובן מדוע אי אפשר לומר שענף עץ עבות הכונה לענף עץ הזית אשר למרות שעליו חופים את עצו, הואיל ועליו גדלים שנים שנים, דהיינו מכל קן יוצאים רק שני עלים אין זה עבות.

ועפי״ז צ״ע משי״כ הרמ״א תרמ״ו סעיף ג׳ להקל בשעת הדחק בהדס בעל שני עלים, הרי בגמרא הוכיחו שענף עץ עבות אין הכונה לזית, משום שיש בו רק שני עלים בקן, ועבות פירושו שלשה בקן, וא״כ מאותו טעם יתמעט הדס בעל שני עלים.

והנה בנחמיה (ח, טו) כתוב ״צאו ההר והביאו עלי זית ועלי עץ שמן ועלי הדס וגו׳ ועלי עץ עבות, לעשות סכת ככתוב״, ומבואר לכאורה שהדס ועץ עבות שני סוגים הם. אך כבר כתב הרא״ש פ״ג מסוכה שבאמת הכונה בשתיהם להדס, אלא שבמין ההדס עצמו יש שפסול למצוה ויש שכשר, ולפעמים שני הסוגים אף גדלים בערוגה אחת ״עלי עץ עבות״ ועלי הדס ש״אינו עבות״ העבות כשר למצות הדס, ועלי הדס שאינם עבות ופסולים למצוה, כונת הפסוק שיקחוהו לסכך הסוכה.

בגמ׳ סוכה לז: אמרו, ״הדס להריח קאי״, וכן במדרש רבה [ויקרא פרשה ל] ״מה הדס יש בו ריח״ מבואר שהריח הוא מתכונות ההדס ויש להסתפק האם תכונה זו מעכבת בהכשר ההדס.

ובתפארת ישראל חולין פ״ג אות ט׳ כתב שאין הריח מעכב בהכשר ההדס, וז״ל שם ״פעם אחת ראיתי מין אילן שעליו גדולים ויפים, וקיימי ג׳ ג׳ בחד קינא, ועליו חופין רוב עצו, רק שלא היה לו ריח כלל וכלל, ולכאורה עלה בדעתי להכשירם למצוה, דלמאי ניחוש לה, אי משום ריחא דהדס

בהכשר הלולב, ומה שהוא שונה משאר מיני לולב, אין זו ראיה כלל שאין זה לולב שהרי יש כמה וכמה סוגי הדסים אשר שונים זה מזה בצורתן, ואעפ״כ הם ״מין הדס״, הוא־הדין בלולב הקנרי אע״פ שיש בו שינויים מ״מ הוא ״מין לולב״, וגם בשאר פירות יש שינוים במין אחד בין זן לזן ואעפ״כ אין בו איסור כלאים, מאחר שהוא מין אחד.

ומצאתי בספר הבהיר להתנא רבי נחוניא בן הקנה אות נ״ה, והובא גם בספר הרקאנטי פרשת בשלח, ״ולא עוד אלא שיש בתמרים שבעים מינים וכו׳ ולא היו דומים אלו לאלו, ופעולתם זה לזה, וטעם זה אינו דומה לזה״, הרי מפורש שיש זנים שונים בלולבים השונים בצורתם ובטעמם.

ויש להעיר שמה שמבואר בספר ״הר צבי״ לדודי הגאון רבי צבי פסח פראנק זצ״ל להכשיר, אינו מדבר בלולב הקנרי, אלא בלולב ש״רק״ אין מוציא פירות, ואילו בלולב הקנרי כבר ביארנו שישנו ספק נוסף הואיל ושונה בגידולו משאר דקלים, ועפי״ז תמוה לי מה שהגאון רבי עובדיה יוסף שליט״א בספרו יחווה דעת מכשיר לולב הקנרי, ולא דן אלא בזה שאינו מוציא פירות, ולא בכך שיש שינויים בין שאר דקלים ולולבים לדקל הקנרי ולולבו.

ירוחם שפוסל נחלק גם מצד לקיחה תמה, וכן הובא להלכה בשו״ע הרב, א״כ אפשר שבחסר מקצת בשדרת הלולב ג״כ הוי חסרון בלקיחה תמה.

אמנם, אפשר לומר שלא שייך לפסול ״בשדרה״ משום דין לקיחה תמה, שהרי גוף השדרה לעולם אינה תמה שהרי חסרה למטה במקום חיתוכה מן העץ. ובסברא זו אפשר עוד לבאר, שס״ל לרבנו ירוחם שבנחסר במקצת מן שדרת הלולב לא נחשב לחסר כיון שבלא״ה כל שדרה חסרה במקום חיתוכה. ואע״פ שרבנו ירוחם ס״ל שנחלק התיומת פסולו מצד ״חסר״ ולקיחה תמה, העירני הגאון ר׳ רפאל רייכמאן שליט״א דמ״מ גרע ״נחלק״ שאמרו בגמ׳ שנעשה כמי שניטלה וגרע יותר מנחסר קצת מהשדרה.

והעירני ג״כ הגאון ר׳ רפאל רייכמאן שליט״א לדברי פירוש ריבב״ן שנדפס בספר גנזי ראשונים על סוכה שאע״פ שנראה פשוט מכל דברי הפוסקים שפסולא דנקטם ראשו בין בלולב בין בהדס וערבה, הוא מטעם הדר ולא מטעם חסר, מ״מ בפירוש ריבב״ן הנ״ל כתב, וז״ל הלכה כר׳ טרפון דאפילו שלשתן קטומין כשר, כתב הר׳ ישעי׳ מאי שנא הדס דכשר בקטום משאר המינין, שההדס עשוי ומכסין ראש הקטימה, ונראה לי דטעמא דכולהו, אם נקטמו נראה חסר, ובהדס אינו נראה החסרון כדברי הר׳ ישעיה, ולא משום הדר, דאיכא תנא בגמ׳ דלא בעי הדר ולא פליג אמתניתין ע״כ.

W

ובדרישה יו״ד סי׳ רצ״ד ס״ק ז׳ ראיתי דבר חדש שכתב ״שגם הלולבין בכלל פירי אילן״. וכבר הקדימו המאירי במגן אבות עמוד קכ״א, שמפרש הפסוק ולקחתם לכם ״פרי עץ הדר״, שאין הכוונה ״פרי עץ הדר״ שהוא אתרוג, אלא כך הכוונה בתורה ולקחתם לכם ״פרי עץ״, ואיזה פרי עץ, הם ארבעת המינים, אתרוג לולב הדס ערבה, כי כל הצומח מהעץ הוי בכלל פרי.

ובזה מבאר המאירי שם דברי התרגום [אמור כג, מ] ״ותסבון לכון ביומא קדמאה פירי אילנא אתרוגין ולולבין והדסין וערבין דנחל״ — והיינו שתקחו לכם ביום הראשון פירות האילן, ומה הם פירות האילן אתרוגים ולולבים, הדסים וערבות. הרי שהתרגום מפרש שפרי אין הכונה ממש פרי אלא לכל תולדות האילן.

אמנם, הצפנת פענח פ״ז מלולב פירש אחרת את דברי הגמ׳ מנחות כז, א, ״ארבעת מינים שבלולב, שנים מהן עושין פירות, ושנים מהן אין עושין פירות״, ושאל הרי גם הדסים עושים פירות, וחייבים במעשרות כמבואר בירושלמי פ״ק דערלה, ומכח זה הכריע שכוונת הגמ׳ שבשנים מהן הדבר מעכב שיהא להם פירות, והם לולב ואתרוג, משא״כ הדס וערבה אין מעכב שיוציאו פירות. מבואר שפירש פרי, פרי ממש.

מ״מ בפירוש דברי הגמ׳ כבר ביאר בשבלי הלקט סימן ק״ס, שאין כונת הגמ׳ שאינם פירות כלל, אלא ״שלא נחשבים כפירות מעולים״, ולכן בנות אסא, היינו ענבי הדס, מברכין עליהם שהכל. וכן נפסק בשו״ע או״ח ר״ג סעיף ה׳, וכבר ציין לזה הגאון ר׳ מרדכי לייב זקס זצ״ל בספרו זמנים לדחות ראיית הגאון מראגאטשוב מגמ׳ הנ״ל.

X

מאחר שכבר נקטינן שגם לולב שאין מוציא פירות כלל כשר, ובלישנא דקרא הפירות נקראים בשם ״דבש״ ולא בשם ״תמרים״, ותמר הוא רק שם העץ, וא״כ לא מצאנו בכתוב תנאי של פירות

ויש להעיר, שאף שבר״ן מבואר לפסול ״בכל שהוא״, אין כוונתו לצורת הכיפוף, אלא כוונתו לשטח הכיפוף שבאופן הפוסל בכפוף, אף שהיה במיעוט העלה פוסל.

כפוף לצד, פסול, כדין עקום שפסקינן שלצדדין הוי כלפניו ופסול, והוא שיהא כפוף כאגמון.

T

וכמו״כ יש לולב שבשעת תלישתו מן העץ יש עליו קוצים שלשיטת רש״י הוא בכלל כווץ, אך פשוט שניתן להסירם ויוכשר, שהרי הוא מין לולב אלא שהקוצים פסלוהו, וכשמסיר הקוצים יוכשר.

וכמו״כ יש לולב שהעלים שבראשו מתקפלים זה לתוך זה, ואפשר שהוא בכלל מש״כ האור זרוע בסימן ש״ו שכווץ הוא ״שנתכווצו צידי העלין כעין בית קיבול ונכנסו זה לתוך זה״ ופסול.

וטעם פסולם משום ״הדר״ כמבואר בלבוש סי׳ תרמ״ה.

U

ויש להעיר שלאותן השיטות, שלמצות נענועים צריך כיסכוס בעלים, הרי אי אפשר לעשות זאת בלולב שעליו סגורים ע״י קליפה אדומה, ורק להשיטות שלמצות נענועים די בהולכה והבאה יוכשר לולב זה.

וגם להמחמירים בנענועים שיש לכסכס העלים יכול להפריד צדדי העלים ולקיים בזה מצות נענועים, אך לא יפריד ג׳ עלים העליונים, שלשיטת הט״ז [תרמ״ה סק״ד], להגאונים יפסל.

וכמו״כ המקילים לקחתה, יש להם על מה לסמוך, ואין להם לחשוש שמא התיומת פתוחה, וכמוש״כ במאמר מרדכי תרמ״ה ס״ק ד׳, שאף אם פתוח, ע״פ רוב אינו פתוח אלא מעט. ואף שיש לחוש שמא יש מתחתיו הימנק הפוסל, אפשר שמאחר שלהלכה הימנק הפוסל הוא בפתוח הרבה, וכן ישנם עוד צירופים להקל שפסול הימנק הוא רק בשדרה או ברוב העלים, על כן יש להם על־מה שיסמוכו.

אך יש להעיר, שאם רואה עלים כפופים המבצבצים מבין קליפות הקארע, בזה יש להחמיר, שהרי כפוף ברוב העלים להלכה יש להזהר בזה.

וכמו״כ יש להעיר שלא רצוי להסיר הקליפה האדומה ולהפריד העלים, שהרי לשיטת הגאונים בכה״ג לכמה שיטות יפסל הלולב מכח ההפרדה בין התיומות, וכן לשיטת הט״ז בס״ק ד׳ ג״כ יפסל בכה״ג.

V

בראב״ד בהלכות לולב מסתפק בזה וז״ל: ״מי מדמינן להו לחסרון של אתרוג וכו׳ ומסתבר מדאמרינן בנקטם ראשו דפסול, מכלל דכי נקטם ממקום אחר כשר אא״כ חסר רובו״ ולבסוף מסיק שלא נאמר כלל פסולא דחסר בלולב, דהפסולים שנאמרו באתרוג לא נאמרו בלולב. וכ״כ הרמב״ן בתשובות ופסקים להראב״ד [הוצאת מוסד הרב קוק דף נ.] וז״ל ״מעתה ניקב וחסר כל שהוא וכו׳ כולן בלולב כשרין הן״.

אלא שיש לעיין דבשלמא לשיטת הראב״ד והרמב״ן שאין פסול ״חסר״ בלולב ואין בו אלא דין ״הדר״, בזה שפיר כשר משום שבנחסר מגוף הלולב אין זה חסרון בהדר, משא״כ לשיטת רבנו

P

בביאור הגר״א סוף סי׳ תרמ״ה כתב שפסול עפ״ד הר״ן והריטב״א שעשו ראשו של לולב כחוטמו של אתרוג שיבש פוסל בו במשהו.

אמנם יש מקילין ביבש במשהו, והם הבכורי יעקב ס״ק י״ד, החזו״א, ובספר ״חיים וברכה״.

ובאופן שהוא יבש לגמרי שנופל ע״י מיעוך ס״ל להחזו״א לפסול מדין נקטם, וכן מפורש במאירי סוכה לד, לגבי הדסים היבשים וז״ל ״דמאחר שיבשותן בפריכה ביד הרי הן כמי שאינן״.

Q

ועי׳ רמב״ן בהשגותיו להלכות לולב להראב״ד, שחילק בין דין הדס ללולב, שבהדס וערבה ״אדם יכול לפושטן ולהסיר עקמימות שלהן משא״כ בלולב״, ואפשר שכוונתו שבמציאות קשה ליישרו, אך באופן שיישרו כשר.

טעם פסול עקום — ברמב״ן בהשגותיו להלכות לולב להראב״ד פסלו משום בעל מום ״וכל שאינו זקוף ועומד בעל מום הוא״.

אמנם בכל בו משמע, שהוא מצד הדר, והכשירו בשאר ימים, והוא לשיטתו שפסולי הדר כשרים בשאר ימים, וכן משמע ברמב״ם פ״ז מלולב שהכשיר כל הפסולים בשאר ימים, ומשמע שעקום אינו מצד בעל מום. ויתכן שגם הרמב״ן כוונתו לפסול ״הדר״, וקורא לו בעל מום, וכמו שמוצאים בריטב״א סוכה לב, א׳, גבי לולב דסליק בחד הוצא, שמה שהגמ׳ קוראת ״בעל מום״ הכוונה שאינו ״הדר״, ובפמ״ג סוף סימן תרמ״ט כתב שלדידן פסול כל ז׳ ימים.

R

דין כפוף בראשו תלוי במחלוקת הראשונים בביאור סוגיית הגמ׳ — ״כפוף פסול״ — אם קאי על העלין שבראשו או קאי על השדרה. הרא״ש ס״ל שקאי על השדרה, אבל כפוף בראשו כשר ואף עדיף משום שאין עליו נחלקים, ותיומתו קיימת. וכן הכשירו הרשב״א הובא לשונו בספר זיכרון ״אבן ציון״ עמוד מ״א וגם ב״אוצר מפרשי התלמוד״, סוכה ל״א, והטור והשו״ע והדרכי משה פסקו כהרא״ש. אמנם הריטב״א והר״ן פסלו כפוף בעלין. ובמכתם הביא ״ואית דלא גרסי כפוף בפסולין״ דהיינו שאינו פסול כלל לא בכפוף בראשו ולא בעלין, וכמו״כ ברמב״ם לא הוזכר פסול כפוף כלל.

S

יש ראשונים שפסלו גם בנכפף ראש העלה האמצעי לבד, וכמוש״כ הר״ן והריטב״א במשנה, שפסול בכל שהוא, [וצ״ע משי״כ הריטב״א בדף ל״א, ב׳, שאותן לולבין שראשי העלין כפופין אני חושש וכו׳ ואין לי טעם ברור להכשיר, ומבואר שלא פסלו מעיקר הדין. אמנם המעיין היטב בלשון הריטב״א במשנה הפוסל בכל שהוא, יראה שהוא ג״כ מטעם ״שיש לחוש״ ולא מעיקר הדין].

ויש שחששו לשיטת הר״ן והריטב״א לפסול כפוף גם בעלה האמצעי בלבד, והיא שיטת ביאור הגר״א סוף סי׳ תרמ״ה, שו״ת הרדב״ז ח״ד רנ״ט, בכורי יעקב ושאילת יעבץ ח״א סי׳ ע״א.

ברש״י הוזכר ״כפוף כאגמון״ וכן הוא בעוד ראשונים, וכן שכפוף לכיוון מטה, וכמוש״כ רש״י ״ראשו כפוף כאגמון דומות לאיש גבן והזקן שראשיהן שחיו וכפופין למטה״.

K

מאחר שנקטם פסול מדין הדר, אין פוסל אא״כ ניכר להדיא בהסתכלות שטחית ממרחק כשאוחז בידו, אבל אם ניכר רק בהתבוננות עיונית, כשר, וכמושי״כ המבי״ט והגרע״א הובא בחלק העיוני בענין הגדרת ראייה בכל שהוא. ולשון הפמ״ג במשבצות סק״ו ״כשמעיין בזה טובא״, שמשמע שנפסל גם אם נראה רק בהתבוננות עיונית, כבר יישב דבר זה בשו״ת העמק תשובה.

L

ואם נחתך העלה ברחבו ומקום החתך נראה כשני ראשים באופן שעשוי כהימנק, אפשר שיש לחוש לשיטה שהובאה בריטב״א ור״ן, שעל ציור כזה נאמר פסול הימנק בגמרא.

M

ומש״כ בבכורי יעקב להקל, בשם שו״ת בית דוד, כבר העיר בתוספת בכורים שם, שהבית דוד בעצמו בסי׳ תמ״ח חזר בו.

ועי׳ בחזו״א קמ״ה ס״ק ו׳ וס״ק ח׳.

והנה מסברא זו שפסלו, משום שנחשב נקטם, ולא פסלו משום שעכשיו צד אחד מהעלה נמוך יותר, מוכח שאין פסול במה שאחד נמוך יותר. וראה מש״כ לעיל בענין אחד מעלי התיומת שנמוך מחבירו.

N

לולב המסתיים בשלש תיומות, לשון הבית יוסף תרמ״ה ד״ה ״ומ״ש ופירש הרמב״ם״ בסוף הדיבור: ״ויש לולבים בג׳ עלים באמצע וכו׳, דכיון שעלים העליונים הם שלשה, האמצעי שבהם לבדו הוא הנקרא ראש הלולב״.

והיה אפשר לפרש דבריו, דמיירי שאינם מתחילים בשווה ממש, אלא האמצעי מתחיל קצת למעלה מהאחרים, ולכן העלה האמצעי נחשב לתיומת, משא״כ אם כולם מתחילים בשווה ממש, כולם נחשבים כתיומת.

וראה לשון הבית יוסף, במגיד מישרים, פרשת אמור, שכתב ״ואית לולבין דשלמה תיומת דילהון בתלת עלין ״שוין קצת״, ואית דשלמה תיומת דילהון בחד עלה לחוד ואינך תרי לתתא, ולעולם מציעאה עילא מן תרין, דמציעאה רמיזא לכתר ואינך תרי לחכמה ובינה״ וכו׳ עיי״ש.

ויוצא מלשונו, שבאופן שהם ״שוין קצת״ והיינו שאינם שווים לגמרי, בזה האמצעי הוא הכתר שהוא עיקר והוא התיומת, אבל בשווין ממש, לא מבואר מלשונו שהאמצעי הוא הכתר.

ועי׳ בביאור הלכה תרמ״ה סעיף ו׳ ד״ה ״רוב״, בשם ה״נהר שלום״ ו״מאמר מרדכי״, ״דאם למעלה הם שלשה שכלה בהם הלולב, העלה האמצעי שבו הוא העיקר, ואם נקטם ראשו פסולה״, ובשם הפמ״ג הביא ״אם למעלה כלה הלולב בשלשה עלין אם נקטם הרוב מהן דהיינו שנים פסול״.

O

דפסולו מטעם הדר, וכמוש״כ רש״י, ואף לרבנו ירוחם שכתב דנסדק ונחלק פסולו מטעם לקיחה תמה, מ״מ מפורש בדבריו דנקטם הוא משום הדר.

להלכה לא הובא בשו״ע ובפוסקים לחוש לשיטת הגאונים, אע״פ שברבנו ירוחם בנתיב ח׳ ח״ג חשש להם, וסיים שם ״וכן נראה עיקר״, וכן חשש לשיטה זו בים של שלמה ב״ק צ״ו, ובב״ח בסימן תרמ״ה.

אמנם בכפות תמרים, סוכה ל״ב, חידש שגם הגאונים לא פסלו אא״כ לא היו התיומות מחוברות בעת שגדל באילן, אבל אם היו מחוברות כשהיה באילן, ומחמת הטלטול נפל ונתפרדו התיומות כשר. וכן כתב החתם סופר בחידושיו לסוכה לא, ב, וסיים שם ״ולפי״ז לולב שיש לו ב׳ עלים אמצעיים ושניהם כפולים הוא כשר וישר ואריך״.

ובסברא צ״ע, שהרי מסתבר יותר לפסול בהיה מחובר ונפרד שנשתנה מברייתו, מאשר לא היה לו בתחילה כלל חיבור. ומלבד זה העיר בספר משנה הלכות, מזה שהגמ׳ מדמה נחלקה התיומת לנטלה, א״כ כמו שניטלה פוסל גם בנעשה בתלוש ה״ה בנחלקה יש לפסול גם בנעשה בתלוש.

וכמו״כ יש להעיר על מה שכתב בספר ארבעת המינים עמוד רל״ג, שבלולב שאין העלים מדובקים זה לזה ע״י קליפה האדומה מתחילת ברייתו, אין מקום להדר שיהיה בעל תיומת אחת, שכן אינו נחשב מחובר, וגם לדעת הגאונים לא יפסל בנפרדו שתי התיומות זה מזה. ולכאורה לא דק, שהרי לשיטת הגאונים אין הבדל במה היה מחובר אם ע״י קליפה האדומה או ע״י החיבור הטבעי שהלולב בעץ מחובר על ידו, וא״כ גם כשלא מחובר בקליפה האדומה אלא בדבר אחר, יפסל לשיטתם בנתפרדו זה מזה, וא״כ יש מקום להדר גם בכה״ג לקחת לולב בעל תיומת אחת.

I

ראש הלולב — אין הכוונה לגבוה שבעלין, אלא לתיומת, אע״פ שלפעמים התיומת נמצאת למטה מראשי העלין, ואין פסול אלא בנקטמה התיומת ולא בנקטם הגבוה שבעלין.

בראשונים הוזכרו כמה שיטות, מהו נקטם הפוסל, ונסכם בקצרה. א. שיטת הראב״ד שנקטם הוא בשדרה. ב. שיטת בעל העיטור שהוא בג׳ עלין העליונים וצריך שיקטם עם השדרה [רא״ש ותוס׳]. ג. לדעת הב״ח בשיטת התוס׳ בתירוץ א׳, ברוב כל עלה של רוב העלין העליונים. ד. שיטת הר״ן ומגיד משנה שהוא בכל שהוא בעלה האמצעי. ה. שיטת הריטב״א שהוא ברוב ראשי עלין של הלולב.

והנה לשון המחבר שם ״נקטם ראשו דהיינו שנקטמו רוב העלין העליונים פסול״, והוסיף הרמ״א ״ואם נקטם העלה העליון האמצעי שעל השדרה פסול״, ובביאור הלכה הביא ב׳ שיטות באחרונים בביאור מחלוקתם. שיטה אחת היא, שהמחבר פוסל ברוב העלים הגבוהים מן השדרה, ואין דין מיוחד בעלה האמצעי, והרמ״א פוסל בעלה האמצעי. ושיטה שניה היא, שהמחבר שכתב ״עלים העליונים״ כונתו בלולב בעל שתי תיומות, ומה שכתב ״רוב״ הכונה רוב של ב׳ התיומות, אבל גם לדעת המחבר, בתיומת אחת יש דין שנקטם בעלה האמצעי, ואינו חולק על הרמ״א.

J

ולענין שאר העלין, עיין בביאור הלכה, שבהם לא יפסל במשהו, שהרי בשאר העלים לא שייכת סברת הר״ן שעשו ראשו של לולב כחוטמו של אתרוג. וקצת צ״ע שהרי בלבוש ומגן אברהם ס״ק ח׳ ס״ל לפסול בכפוף כל שהוא ברוב העלין, אע״פ שאינם כחוטם, ואם־כן, מדוע בנקטם לא יהיה פסול בכלשהו.

במשהו וזהו חידושו, אלא ודאי שלשיטתם נחלק פוסל גם במשהו, ולכן הוצרכו לתרץ שהימנק הוא ברוחב העלה.

אלא שגם הר״ן והריטב״א לא חששו לשיטה זו, רק מכח ״חומרא״ עיי״ש בלשונותיהם. וגם המשנה ברורה לא חשש לשיטה זו, רק מכח הידור, וכמש״כ בלשונו בס״ק י״ט ״אבל מדינא אין לחוש לזה כלל כל זמן שלא נחלק רובו״, וכמו״כ כתב בס״ק י״ח, שמכח חומרא זו אין צריך לברך על לולב של חבירו, ומקורו של המשנה ברורה הוא שיטת הגר״א שלא לחוש לחומרת הר״ן.

F

אע״פ שכל הוכחת הט״ז מהגמ׳ חולין דף י״ז, שמנו שם סוגי פסול במשהו כחגירת הציפורן, ולא מנו פסול נחלק בלולב, ומזה הוכיח הט״ז שאין לפסול לולב שנחלק במשהו, יש לדחות הראיה על־פי דברי הריטב״א חולין שם, שיש עוד דברים הפוסלים במשהו, אך לא נמנו בגמרא שם ״אלא מידי דהכשר בשו ואין ראי׳ מזה שלא הזכירו נחלק.

G

מקור דין זה מדברי הב״ח המפרש כן דברי התוס׳, סוכה כ״ט, ב, וכן מפורש בבית יוסף לפרש כן דברי התוס׳, דהתוס׳ מיירי בלולב המסתיים בשתי תיומות. אך בחזו״א קמ״ה ס״ק ו׳ מכשירו, שאין הכרח מתוס׳ שפסלו בכה״ג, משום שכל שנשאר עלה אחד מהשניים שלם, יש לחשוב את העלה הנשאר לתיומת.

ולבאר יותר קושיית החזו״א יש להוסיף, שתוס׳ לשיטתם ששם ״תיומת״ הוא מלשון תאומים, והיינו ב׳ עלים כפולים כל אחד, היוצאים מראש השדרה, וכך נראית ״תיומת״. ולכן ס״ל, שהיות ואמרו בגמ׳, נחלקה נעשה כמי שניטלה, והואיל ושני החלקים יחדיו הם התיומות, א״כ בנחלק אחד מהעלים הכפולים עד השדרה נחשב שניטלה התיומת ופסולה, ואין העלה השני נחשב אלא כחצי התיומת, שהרי תיומת היא שני עלים כפולים כל אחד.

משא״כ לדידן שס״ל שתיומת היא עלה אחד כפול המסתיים בראש השדרה, א״כ באופן שיש לנו לולב אשר מסתיים ״בשתי תיומות״, אין הכוונה ששתיהן הוא ״תיומת אחת״, אלא שיש לו כמין שתי תיומות נפרדות, ובנפסלה אחת מהן, יכולה השניה להשלימה לדין תיומת, ויוכשר הלולב למרות שנחלקה אחת מהן, ועל כן דברי המ״ב צריך עיון.

ומלבד זה, מה שכתב השעה״צ בס״ק ט״ז בשם הא״ר ״שלדעת המחמירין במקצת כשנחלקה התיומת, ה״ה בזה כשנחלקה אפילו אחת במקצת״, גם זה צ״ע, שהרי לשיטת התוס׳ הפוסלים בנחלקה אחת מהן, הוא רק בנחלקה עד השדרה וחלק מן השדרה, אבל אינו מבואר בדבריהם כלל לפסול בנחלקה קצת.

H

מקור הדברים עפ״ד הגאונים, הובא בתוס׳, סוכה, ששתי התיומות צריכות להיות מחוברות, והבית יוסף ס״ל שאף אם מחוברות ע״י קליפה אדומה (הקארע) נחשב לחיבור וכשר. ובמאמר מרדכי [תרמ״ה סק״ד] הפוסל כשיטת הגאונים כתב שלא להפריד הקליפה האדומה כי לשיטתם יפסל הלולב.

ומלבד זה הרי מפורש ברבנו מנוח, שלטעם שכתב רש״י לדין טפח נוסף, שהוא לפי שלולב במינו גבוה מכולן, צריך שיעור טפח יותר משאר המינין, גם באופן שלא אגדן.

וראה בשו״ע הרב תרנ״א סעיף י״א, ״נוהגין לעשות בלולב ג׳ אגודות וכו׳ וצריך להיזהר מאד שיהא שדרו של לולב יוצא למעלה מאגד העליון טפח די נענוע״. אך עיין במשנה ברורה תרנ״א בס״ק י״ד, ״כתבו האחרונים דצריך לעשות בענין שיכול לכסכס היטב בעלין, וע״כ צריך להיות טפח למעלה פתוח ולא מקושר״, ומשמע שדי בטפח מן העלים. ויש לדחוק שאינו חולק על השו״ע הרב, וכוונתו ג״כ טפח מהשדרה ולא רק בעלין, וצריך שיצא טפח מן השדרה כדי שיוכל לכסכס בעלים.

C

אם היה עלה העליון בעל עלה אחד מברייתו ואיננו כפול — פסול, [רמ״א תרמ״ה — סעיף ג׳ בשם הכלבו וכ״ה גם בארחות חיים דיני לולב סימן י״א], ולשיטתו זהו שאמרו בסוכה האי לולבא דסליק בחד הוצא בעל מום הוא ופסול. ובשאר ימים יש להכשירו, [בכורי יעקב ס״ק ח׳ וי״ב], שמאחר שיש לנו ספק בראשונים מהו חד הוצא, אע״פ שמחמרינן ככל השיטות, מ״מ בשאר ימים יש להקל, וכ״כ בשערי תשובה ס״ק ה׳ בשם הזרע אמת.

D

בראשונים לא הוזכר דבר זה וכן לא הוזכר בפוסקים. ושמעתי בשם גדול אחד לפסול הלולב, דהוי כחד הוצא הפוסל.

אמנם, ראה בשו״ע הרב תרמ״ה סעיף ט׳ ״אם מתחילת ברייתו לא היה רוב עליו כפולים לשנים ברוב ארכן הרי זה פסול״, הרי שדי בשיעור מסויים של ״רוב אורך״, ולפי״ז כשרוב אורך כפול אפי׳ אם מעט בראשו אינו כפול יהיה כשר.

ואע״פ שהשו״ע הרב מיירי בשאר עלין, מ״מ משמע מתוך דבריו שם בסעיף י׳ שגם בעלה האמצעי אינו פוסל אם רוב אורכו כפול.

ועי׳ גם בספר בית דוד סימן תמ״ח שדן בעלה האמצעי הכפול, ונשבר אחד מהכפולים, שפסלו משום נקטם, אע״פ שצדו השני שלם. ולכאורה מדוע צריך לפסול מדין נקטם, הרי יש לפסול משום זה עצמו שכאשר נקטם צד אחד הוא נמוך מחבירו, על כרחך שמצד זה אין לפסול, ולכן הוצרך לפסול משום נקטם.

וכל־שכן לדעת שאר האחרונים שצידדו להכשירו בכהאי־גוונא [עי׳ פמ״ג ובכורי יעקב] שמוכרח לשיטתם שאע״פ שאינו מסתיים בשווה ממש כשר.

E

הידורו שיהיה העלה האמצעי סגור לחלוטין ואפילו מעט לא יהיה פתוח. ויש להעיר, שלפי השיטה שהובאה בר״ן ובריטב״א שנחלק פסול גם במיעוטו, על כרחך שגם במשהו פסול, אע״פ שהוא פחות מטפח, וכמו שהוכיח הגרע״א בדרוש וחידוש עמוד פח, דאל״כ למה הוצרכו לדחוק הר״ן והריטב״א ש״הימנק״ פירושו שנחלק ברוחב העלה משום שאם הוא באורך העלה בלאו הכי יפסל מצד דין נחלק, הרי אפשר שנחלק פוסל רק עד טפח, ואילו בנעשה צורת ״הימנק״ פוסל גם

הערות ללולב

A

בתוס׳ רבנו פרץ סוכה לב, א, ״וצריך ליזהר למטה שיהיו העלין מתחילין מראש הלולב, וצריך ד׳ טפחים מקום שראוי לכפות, שלא יהיה אופתא, פירוש עץ יחידי״. מבואר שהשיעור נמדד בחלק הלולב שיש בו עלים משני צדדים.

ואפשר שאם יש למטה עלים שאינם מתחילים בשווה, יש למדוד מהעלה העליון, ולא מהעלה התחתון, שהרי מול העלה התחתון אין עלה, וא״כ נחשב כאופתא ואינו נכנס במנין השיעור.

וראה רש״י לב, א ״ואימא אופתא״ שמבואר מדבריו שאם צד אחד ערום בלא עלין נחשב לאופתא, ובריטב״א במשנה כט, ב, מבואר שבאופתא אין עליו שם לולב, ובחזון איש סי׳ קמ״ו ס״ק כ״א כתב שבמיעוט מגולה בשדרה נחשב כאופתא.

והעירני הגאון ר׳ רפאל רייכמאן שליט״א שמרש״י שם אין ראי׳, אלא דיש להסתייע מרש״י שם בד״ה ״דסליק בחד הוצא״ דמפרש דהיינו דאין לו עלין רק מצד אחד, ועי״ז אמרו בגמ׳ ״בעל מום הוא״, וכתב הריטב״א דמלשון זה משמע דפסולו מגופו (ולא מטעם הדר), ומסיק דלפירש״י בודאי כ״ה כוונת הגמ׳. אלא דלמעשה צ״ע, דאי נימא דהחלק מלמטה שיוצא ממנו רק עלה אחד אין שמו עליו ואינו בכלל הלולב, נמצא דהעלה שיוצא משם אינו יוצא מלולב, וא״כ גם החלק שלמעלה ממנו לכאורה נחשב כאין לו אלא עלה מצד אחד, דהעלה שיוצא מלמטה לכאורה הוי כמאן דליתא, וכן הלאה עד מקום שיוצאין ב׳ עלין משני הצדדים בשוה. עכת״ד.

B

כשיש לו הדסים ארוכים מג׳ טפחים, צריך שהלולב יהיה יותר מד׳ טפחים, [שו״ע תר״נ סעיף ב׳ בשם יש מי שאומר], והיא שיטת הריטב״א והר״ן ועוד. ועי׳ רמב״ם פ״ז מלולב ה״ח, ובמגיד משנה שמפרש כן גם דעת הרמב״ם. וראה שפת אמת סוכה ל״ב בדעת רש״י על דברי הגמ׳ שיהא לולב יוצא מן ההדס טפח, שהוסיף, ״כשם שהוא גבוה במינו מכולן״, ופירש השפת־אמת שכוונת רש״י לומר כנ״ל, שאם ההדס ארוך יהא גם הלולב ארוך יותר לפי אורך ההדס.

והגאון ר׳ אברהם יעקב זלזניק שליט״א, העיר שהטעם שצריך טפח נוסף הוא כדי שיוכל לנענע את ראש הלולב, ולפי״ז להנוהגים להניח ההדסים בכיס ״קוישיקעל״ ואין הלולב מחובר לשאר מינים, אינם מונעים הנענוע, ממילא לא יצטרכו שיעור גדול יותר בלולב, גם כשההדסים ארוכין יותר, שהרי הלולב נפרד משאר המינים ואין ההדסים מונעים את ניענוע ראש הלולב.

אך יש להעיר בזה מדברי הריטב״א והר״ן שהוכיחו שנענועים הם כסכוס וטירוף העלים ולא הולכה והבאה, מדין זה שצריך טפח נוסף בלולב כדי לנענע, שאם נענוע הוא הולכה והבאה, מאי נפקא מינה בטפח נוסף. ולכאורה, גם לדבריהם, הרי המינים אגודים בלולב רק בחלק התחתון שלו, א״כ בחלק העליון ששם אינם מחוברים ללולב, יכול לעשות כסכוס וטירוף ומדוע יש צורך בטפח נוסף. מבואר מזה שיש צורך בטפח מעל ההדסים גם אם אינם צמודים ללולב כמו בקוישיקעל.

והעירני דודי הגאון רבי שלמה זלמן אויערבאך שליט״א, שבאתרוגים יש להפריש כל התרומות ומעשרות, באופן שלא ישאר חלק מהמעשרות בגוף האתרוג.

והיינו מאחר שדרך ההפרשה בימינו שכשמפרישים מעשר ראשון וגם מעשר עני, אין הפרשה בפועל אלא קריאת שם בלבד, ולאחר מכן נוטלם לעצמו, מכיוןשהמוציא מחבירו עליו הראיה, לכן על הלוי להביא ראיה שהוא לוי, וה״ה לעני, על כן יש להזהר באתרוג של מצוה שלא יעשה כן.

שכן אם נשאר חלק המעשר ראשון והמעשר עני, בתוך האתרוג של מצוה, נמצא שיש ללוי חלק בו וחסר בדין ״לכם״.

ואע״פ שמצד עיקר הדין יש לומר שהואיל והמוציא מחבירו עליו הראיה, ומצד דין ״מוחזק״ הוא שלו ממש, וכמוש״כ בחזון איש אבן העזר סימן ל״ט, והרי הוא בעלים גמורים, והקדשו הקדש מדין ודאי, וראה גם למרן בעל הקהלות יעקב ב״מ סי׳ כ״א שהוכיח כן, מ״מ מאחר שמצוי אצל הסוחרים הרבה אתרוגים פסולים, ואפשר להפריש מהם באופן שלא ישארו תרו״מ בגוף האתרוג שמברך עליו עדיף טפי.

וכמו״כ יש להעיר מאחר שמצוי כיום שגם ערבים (נכרים) וגם יהודים תולשים מן האילן, והאתרוגים מעורבים אח״כ זה בזה, א״כ ישגיחו בשעת הפרשת תרו״מ שלא יהא מן החיוב על הפטור או להיפך.

FF

בנידון זה שהאיסור הוא מחמת סכנה, מצאנו במרחשת ח״א סי׳ כ׳ שנחשב מן התורה כדבר שיש בו היתר אכילה, הואיל ואין בו איסור פרטי אלא איסור כללי בלבד. וכן כתב הגאון ר׳ יצחק אלחנן בשו״ת עין יצחק או״ח סי׳ כד, שהיכא שהאיסור הוא מחמת סכנה נחשב ״מן המותר בפיך״, ויש להוכיח כן מדברי רש״י סוכה מ״ח, ב׳, דגבי יין ומים המגולים שפסולים לגבי מזבח, ביאר רש״י שחיישינן שמא שתה מהן נחש ומעורב בו ארס וממעטו מהשיעור של ניסוך המים, ולא פירש שיפסל משום שאסור באכילה מפני הסכנה וא״כ אין זה מן ״המותר בפיך״ ופסול למזבח, מוכרח מזה שאם אינו אסור בעצמותו אלא מכח סכנה נחשב מן המותר בפיך. ולפי״ז אתרוג שאסור באכילה מפני סכנת חומר החיטוי שבו כשר לנטילה.

ולכאורה היה מקום להקל מסיבה נוספת, משום שאפשר לבטל את הרעילות של החומר ע״י מיני מרקחת וכדו׳, וא״כ ישנה אפשרות לאכלם בהיתר. ואולם, בירושלמי פ״ד דסוכה ה״ז מפורש שהפסול של יין ומים המגולים הוא משום שאינו ״מן המותר בפיך״ ודלא כמו שהוכחנו מדברי רש״י בסוכה. ומבואר בירושלמי, שם, שגם כשיכול להוסיף מים ולבטל ע״ז את הארס אעפ״כ קודם שהוסיף נחשב שאינו מותר בפיך, וא״כ ה״ה באתרוגים שעברו חיטוי אין להקל משום שיכול לבטל את החומר ע״י מיני מרקחת וכדו׳, ועכשיו במצב זה אינו ראוי לאכילה.

ודודי הגאון רבי שלמה זלמן אויערבאך שליט״א העירני, שיתכן שמאחר ובתורה נאמר ״פרי עץ״ ולמעשה באתרוג שנעשה בו חיטוי לא פקע ממנו שם ״פרי״ אלא שעכשיו אינו ראוי לאכילה מפני הסכנה, ומכיון שלאחר תקופה מסויימת יהא ראוי לאכילה מאליו ללא כל פעולה חיצונית להסרת הרעל, יתכן שכשר למצותו אע״פ שעכשיו אינו ראוי לאכילה, שאפשר שאין דין שיהא ראוי לאכילה בחג עצמו, אלא שיהא ראוי לאכילה במהותו. ועכ״פ דין זה צריך בירור נוסף.

הנאתו, והרמב״ם בפיה״מ פ״ג מ״ו פירש שאינו בכלל ״פרי״, ונ״מ, שאם מצד ״לכם״ אינו פסול אלא ביום הראשון, משא״כ מצד ״פרי״ הוא פסול גם בשאר ימים. וברמב״ם פ״ב מלולב הלכה ט׳ פסלו לכל שבעה וכן מפורש בריטב״א סוכה כט. ועיין במג״א תרמ״ט סק״כ שכתב שאם הפסול הוא בגוף האתרוג, פסול כל שבעה גם אם פסולו נלמד מ״לכם״.

וגם אתרוג הניטע למצוותו — ולא לשם אכילה יש בו משום דיני ערלה, כמבואר בירושלמי פ״א מערלה ה״א ורמב״ם פ״י ממעשר שני ה״ז, וטור יו״ד סי׳ רצ״ד.

העירני דודי הגאון רבי שלמה זלמן אויערבאך שליט״א שעצי אתרוגים גזעם אינו כשאר גזעי עצים שענפיהם יוצאים רק מתוך ענפים גלוים, אלא שבכל שנה יוצאים ענפים חדשים מחלק העץ שבתוך האדמה, וענפים אלו לפעמים צריך למנות להם שנות ערלה מחדש.

והוא ע״פ המבואר בב״ב דף פב, א שכל שרואה פני חמה זהו מן הגזע, וכל שאינו רואה פני חמה זהו מן השרשים, ועי׳ רש״י ב״מ דף קי״ט ד״ה אילן שכל זה הוא גם לענין ערלה, שכל שיוצא מן הגזע שמתחת לקרקע נחשב יוצא מן השרשים.

ולפי״ז, ענף חדש היוצא מן השרשים של האילן, אם הוא יוצא מהחלק המכוסה בעפר, ואינו רואה פני השמש, נחשב ״כשורש״, וחייב במנין שנות ערלה מחדש, ורק מה שיוצא מהחלק המגולה נחשב כאחד מענפי האילן ואינו חייב במנין ערלה מחדש.

וראה רמב״ם פרק י׳ ממעשר שני הלכה י״ט, ותוספתא ערלה פרק א׳ הלכה ד׳, ונודע ביהודה מהדורא תנינא קפ״ה וחזון איש ערלה סימן ב׳ ס״ק ח׳ הרא״ש והטור והשו״ע השמיטו דין זה וצ״ע.

ועי׳ בקונטרס הליכות בשדה [להמכון לחקר החקלאות ע״פ התורה גליון 62] שהאריכו בענין זה, אם חיוב ערלה באופן זה הוא מן התורה או מדרבנן. וכמו״כ ראה מש״כ שם שענף שצמח ממקום מכוסה, אע״פ שנתגלה מקום צמיחתו, יש להחמיר ולהמשיך ולנהוג בו כיוצא מהשורש.

EE

בתוס׳ סוכה ל״ה ד״ה ״אתיא״ פסלוהו משום שיש לכהן וללוי חלק ושותפות בו, וממילא הוי כאתרוג של שותפין, ובכל בו סי׳ ע״ב וכן הוא במאירי וכן משמע מרש״י סוכה לה, א ד״ה ״ומאן״ שחסר בו תנאי של היתר אכילה. וכ״כ הראי״ה, וכמו״כ יש לפרש דעת הרמב״ם בפ״ח מלולב ה״ב שכללם בדין אתרוג של ערלה ותרומה טמאה.

רמב״ן הובא בר״ן, הכשירו, מכיון שיכול לסלק הכהן והלוי ע״י שיפריש מאתרוג אחר על זה, והר״ן חלק עליו.

בשו״ת מהרשד״ם יו״ד סי׳ קצ״ב מובא מה שנהגו אנשי צפת לתלוש מעצי הגויים, ומה שהעיר בשו״ת רבנו בצלאל אשכנזי, הרי נעשה מירוח ע״י ישראל והוי טבל, והליץ בעדם המהרשד״ם מכח דברי הרמב״ן הנ״ל. אך ראה מה שהעירו עליו בכפות תמרים סוכה לד, ואור שמח פ״ח מלולב ומש״כ בזה בשו״ת הר צבי או״ח ח״ב סי׳ ק״ט.

ובשאר ימים ג״כ פסול, [מ״ב תרמ״ט ס״ק מ״ה], הואל ואין בו היתר אכילה, ולדעת התוס׳ והר״ן שפסלוהו מצד ״לכם״ כשר בשאר ימים, וכן הכריע במב״ט בקרית ספר פ״ח מלולב ה״ט, ואור שמח שם ובית מאיר סימן תרמ״ט סעיף ה׳ בדעת הרמב״ם.

BB

אתרוג תימני אף שגדל בלא פיטם כשר, וכדברי הרא״ש שהובא ברמ״א תרמ״ח סעיף ז, וכ״כ בספר כפתור ופרח פרק י׳, שאתרוגים תימניים כשרים מאחר שגדלים כך בלא פיטמים וכמו שהכשירו חז״ל אתרוג הכושי בארץ כוש הואיל ודרכו בכך.

ואף שלפעמים יש להם פיטם קלוש וחלש שנופל מעצמו לאחר תלישתו מן העץ, ראה מש״כ בספר ״ארבעת המינים״ עמוד שכ״ב בשמו של החזו״א שלפעמים יש להכשיר גם כשנושר בתלוש, באופן כזה שבעודו מחובר לעץ, כבר נתייבש הפיטם ביובש גמור, וכלתה ממנו כל לחותו שהדין בזה כאילו נפל הפיטם במחובר וכשר.

גם מה שאין בו מיץ, ואין בו בליטות כראוי, כתב במועדים וזמנים סי׳ קי״ח בשם החזו״א להכשיר.

CC

חשיבות אתרוג זה הוזכרה בערוך לנר סוכה בתוספת בכורים סוף סי׳ תרמ״ח, ״ובשנה הזאת קבלתי אתרוג ממרוקו יפה ומהודר בכל מיני הכשר אשר עדיין לא ראיתי כמוהו״ והוזכר עוד בערוך השלחן תרמ״ח סעיף כ״ח שמנאו בין האתרוגים המקובלים לכשרים.

אך כיום יש שרצו לפסלו מפני שאין בהם גרעינים. ויש לברר תנאי הגרעינים בכשרות האתרוג. לשון התוספתא פרק י׳ דתרומות ״גרעיני אתרוג מותרין״, כמו״כ ברש״י ותוס׳ רא״ש ור״ן סוכה לו, א. מוזכרים גרעיני האתרוג. וראה במנורת המאור ח״א דף קל״ו שאתרוג מכוון כנגד ד׳ יסודות, אש רוח מים עפר, והגרעינים הם כנגד עפר עיי״ש. אך לא הוזכר בראשונים שללא גרעינים יפסל. ומצינו באחרונים שדנו על ענבים שאין להם גרעינים אם כשרים לברכת קידוש, מאחר שבתורה הוזכר שלענבים יש גרעינים, ״מחרצנים ועד זג״, ועי׳ גם בפ״א דמעשרות משנה ב׳ וברע״ב שם, ובפ״ד משביעית משנה ה׳ וברע״ב שם.

ובישעיהו ה, ב מובא סוג ענבים בשם ״שורק״, וביארו שם ברד״ק שהוא מין ענב המשובח שאין בו גרעינים, וכ״ה בר״י אבן גיאות הובא במהרש״ם בדע״ת או״ח רע״ב, וכן הובא בספר זכר יהוסף ח״א או״ח סי׳ נ״ג בשם האהל מועד.

אמנם, במהרש״ם באו״ח שם הוסיף לומר ״שאולי שבחו רק ע״י הרכבתו במין אחר״, ויוצא מדבריו שאם אין לו גרעינים אפשר שהוא מורכב, וצ״ע בכוונתו, אם כוונתו שבמורכב אין גרעינים הרי מפורש ברמב״ן עה״ת ויקרא יט, ט ״שכל גרעין וגרעין מן המורכב נראה כאילו הורכב משני מינין״ ומפורש שגם במורכבים יש גרעינים.

ובגוף השאלה, ראה מש״כ במנחת יצחק ובשבט הלוי, ומש״כ באריכות גדולה בקונטרס פרי תמרים, קובץ ו׳, תשרי תשמ״ב, והביא גם שבדקו ומצאו שגם באותו אילן שאין גרעינים באתרוגיו חלק מהאתרוגים יש להם גרעינים. וא״כ עכ״פ מוכח שאין זה מין אחר.

DD

מתנאי כשרות האתרוג שיהא בו היתר אכילה, ולכן אתרוג של ערלה פסול [סוכה לה, א ורמב״ם פ״ח מלולב ה״ב]. רש״י ותוס׳ פירשו שבערלה חסר בדין ״לכם״ שצריך שיהא ראוי בכל דרכי

וראה בספר ״דבר בעתו״ להגאון ר׳ אברהם מטיקטין, הלכות לולב, תרמ״ח סעיף י״ג, שרצה לומר שמראה חזזית בעצמו הוי מראה פסול, ולא מצד צבעו אלא מצד מראה חזזית. ולדבריו גם באופן של אתרוג הנ״ל שיש לו בליטה אחת, אע״פ שצבעו כאתרוג, מ״מ מראה חזזית לו ופסול, וצ״ע למעשה.

ולכאורה בזה פליגי בזה ב׳ השיטות ברמ״א לענין חזזית ״בלאט מאהל״ שהובא בסעיף י״ז — סימן תרמ״ח. שהטעם שבלאט מאהל לא נחשב לחזזית לשיטה א׳, הוא משום שאינו גבוה מן האתרוג, ומשמע שלולי זה היה לו דין חזזית, אע״פ שמראה כשר הוא. ולשיטה זו מוכרח שאע״פ שאין בו מראה פסול ג״כ נחשב לחזזית, ורק השיטה השניה המכשירה בלאט מאהל מפני שכך הוא מראה האתרוגים, סוברת שאעפ״י שהיא חזזית אין לפסול אא״כ יש לו מראה פסול.

Y

בביאור הגר״א סעיף י״ג ביאר בטעם הכשר הבלעטיל אע״פ שבאמת הוא שינוי מראה, משום שנשתנה למראה הכשר ולכן אינו פסול. ולפי״ז, לאותן שיטות ראשונים הפוסלות בנקלף ונשתנה גם בנשתנה למראה כשר, ה״ה הכא שפסול. וא״כ, להידור מצוה יש לחפש אתרוג שאין בו שום בלעטיל למעלה בחוטמו. ואף לשיטת המ״ב בשעה״צ סקנ״ו שבלעטיל לא נחשב לשינוי מראה, מ״מ ודאי שיש בזה הידור מצוה ליטול אתרוג נקי בחוטמו. ובפרט לשיטת הדגול מרבבה שם, שלדיעה אחת ברמ״א פסול גם באינו גבוהים מצד שינוי מראה.

ואכן בשו״ת הרדב״ז הדן בשאלה זו של בלעטליך, סיים ״אבל ראוי לבקש אתרוג כשר ולהדר במצוה״.

וכן בחיי אדם כלל קנ״א דין ח׳ כתב, ״ולכן הירא לדבר ה׳ ישתדל לקנות אתרוג בלא חזזית ובהרת״ וראה עוד בפמ״ג בא״א סוף סימן תרמ״ח שכתב ״אשרי מי שיוכל ליקח אתרוג נאה הדר ונקי מכל״.

Z

ודברי המ״ב צ״ע הרי הוא עצמו בשעה״צ לעיל ס״ק ל׳ דימה דין נקלף ונשתנה למראה כשר לדין הרמ״א כאן של ה״בלעטליך״ ומסיק שם שאינו כשר אלא בשעת הדחק, וא״כ למה התיר הכא ב״בלעטליך״ גם שלא בשעת הדחק. ומקור דברי המ״ב שם הוא בדברי הגר״א כאן שסיבת ההכשר היא בגלל שדינו כנקלף ונשתנה למראה כשר וא״כ בשלמא הגר״א לשיטתו שמסיק שבכל אופן כשר בנקלף ונשתנה למראה כשר ולכן הכשיר כאן גם שלא בשעת הדחק משא״כ המ״ב שמחמיר בזה שם למה הקיל כאן גם שלא בשעת הדחק וצ״ע.

AA

בלעטיל שניתן להסירו ולא יווצר ע״י״ז שום חסרון בגוף האתרוג, יסירנו וכשר, ראה סעיף י״ד וברמ״א שם. ויש לעיין באופן שיכול להסיר החלק המורגש במישוש היד, והסירו באופן שעכשיו כבר לא מורגש, אך עדיין לא הוסר לגמרי, האם מאחר שאינו מורגש כשר, או אפשר שלמעשה הוא חזזית, וא״כ נשארה עדיין מקצת חזזית וצ״ע למעשה.

נ הערות לחלק האנגלית

וגם זה צריך בירור – הואיל ואם נתלש העוקץ לא נחשב כחסר – א״כ מדוע צריך הרא״ש להביא דוגמא לזה מ״נקלף״ הרי כיון שאינו חסר ודאי כשר.

וראה בחי׳ מרן הגרי״ז הלוי סאלוויציק זצוק״ל [בסטענסיל דף לב, א] שהגדיר, שאמנם חלק העוקץ הנמצא תוך הגומא של האתרוג אינו נחשב בכלל ״בשר האתרוג״, אבל מ״מ נחשב בכלל ״פרי האתרוג״ ואילו חלק העוקץ שנמצא חוץ לגומא נחשב ״כעץ לגמרי״. ומכיון שלדעת הרא״ש פסול חסר אינו אלא בחסר ״מבשר״ האתרוג, אבל לא בחסר ממה שאינו אלא חלק מ״פרי״ האתרוג, לכן מכשיר בניטל העוקץ אע״פ שלא נשאר כלום בגומא, כיון שאין לעוקץ דין בשר האתרוג אלא דין ״פרי״ בלבד. וזוהי הדוגמא שהביא הרא״ש מנקלף שכשר, מאחר שאין הקליפה מבשר האתרוג.

אבל לשיטת הרי״ף גם בחסר מהפרי פסול אע״פ שלא חסר מהבשר, ולכן כל שחסר מחלק העוקץ המחובר לאתרוג פוסל לא מצד שחיישינן שמא נתלש מגוף בשר האתרוג, אלא שחלק העוקץ הזה המחובר לאתרוג נחשב כחלק מהפרי ופוסל בחסרונו. ואולם, חלק העוקץ שחוץ לגומא שהוי כעץ בזה אינו פוסל כלל. ולפי״ז כונת הרי״ף בדבריו ״נראה כחסר״ היינו שגם חסר בפרי הוא כמו חסר בבשר.

V

להלכה צריך שכל רוחב הגומא יהא מכוסה – דהיינו שכל בשר האתרוג יהא מכוסה בעוקץ. ובפרט להשיטות שחיישינן שבנטילת העוקץ ניטל גם מבשר האתרוג הרי שאם יש חלק מגולה שוב יש חשש שניטל חלק מבשר האתרוג – וכן להשיטות שהובאו לעיל שחלק העוקץ המחובר לאתרוג נחשב כחלק מהפרי ופוסל בחסרונו א״כ כל חסרון בחלק המכסה את בשר האתרוג פוסל.

W

יש וחלק העוקץ שנשאר מחובר לאתרוג מכסה אמנם את בשר האתרוג אבל אינו ממלא את הגומא כולה ועדיין היא נראית – בפמ״ג בא״א תרמ״ח ס״ק י״א פוסלו, וכןמשמע מלשון המ״ב בס״ק ל״ד, שצריך שעכ״פ שיתמלא מקום הגומא, וכן מפורש בט״ז בס״ק י״ג, ״פירוש שבגומא שם נשאר קצת מהעץ כמו שהיה מתחילה״, אך צ״ע שהרי מלשון הראשונים הוזכר שהפסול הוא כ״שלא נשאר כלום״ ראה רי״ף וספר הפרדס לרש״י ועוד, ומזה משמע שאם נשאר משהו המכסה עכ״פ את בשר האתרוג כשר אפילו לא נתמלאה הגומא ואע״פ שמלשון הרי״ף משמע שאם נשארה גומא פסול, זהו באופן שחסר בחלק המכסה את בשר האתרוג, אבל מנין שאם מכסה את בשר האתרוג שיהא פסול משום שעדיין נראית הגומא. וצ״ע.

X

ר׳ אלתר קירשנבוים ז״ל מגדולי הסוחרים בירושלים עיה״ק לפני עשרות בשנים אמר לי שזקני ירושלים יחסו דבר זה לחזזית.

וצ״ע הרי אין בו מראה פסול ולא שינוי מראה, ובראי״ש סימן י״ז כתב ש״החזזית אינה ממראה האתרוג״, ומשמע שכל שיש לו מראה אתרוג לא הוי חזזית. ועיי״ש גם בהמשך דבריו, שנקלף בב׳ וג׳ מקומות, אע״פ שיש לו שינוי מראה, שאין שוה לשאר האתרוג, מ״מ לא הוי חזזית.

ועי׳ גם בפמ״ג בא״א תרמ״ח שהקשה שגם בלא פסול חזזית יפסל מצד שינוי מראה, עיי״ש. ומבואר גם כנ״ל, שכל שאין לו שינוי מראה אינו חזזית.

וצריך להזהר בזה ולשים לב שכל הנקב הוגלד בעור דאם חסר שם אפי׳ משהו פסול. וכמו״כ יש לשים לב שלפעמים יש על האתרוג מין בלעטיל ואינו בלעטיל אלא חתיכת דבק שנתייבשה, ומתחתיו יש נקב שלא הוגלד והוי ליה חסר.

S

נחלקו האחרונים בגדר החסרון. לדעת המ״ב בשעה״צ סי׳ תרמ״ח סקכ״ז, חסרון הקליפה הירוקה הוא חסרון בעצם אפילו לא נחסר מן הבשר הלבן כלום, ולדעת החזו״א בסי׳ קמ״ז, טעם הפסול אינו מחמת חסרון הקליפה הירוקה אלא משום שאי אפשר לצמצם ובודאי נחסר גם מן הבשר הלבן. ולשון המאירי סוכה לו, א ״אלא שבקליפה אי אפשר שלא ינטל מן הלבן קצת״.

T

ובביאור הלכה תרמ״ח סעיף י״ב ד״ה שינוי ס״ל שלשיטת הר״ן פסול וכ״כ בפמ״ג תרמ״ח בא״א ס״ק י״ז אמנם להלכה מסיק המ״ב שם שכשר.

אמנם בעצם הנחת המ״ב, שלשיטת הר״ן גם בנקלף פסול בחוטמו במשהו, כבר העיר החזו״א, וכן השפת־אמת, סוכה לו, א, שאינו כן. שהרי ישנה הלכה שנקלף רק בכולו פסול, ולפי דברי המ״ב אין שום נפק״מ בהלכה זו, שכן אם נשאר החוטם שהוא אינו קלוף הרי כבר ודאי שאין זה נקלף כולו, ואם נקלף גם חוטמו, א״כ בלא״ה פסול מצד דין חוטם במשהו, וא״כ לאיזה ציור נאמרה ההלכה שנקלף כולו, ע״כ שגם להר״ן לא נפסל בנקלף בחוטמו, ולכן נאמרה ההלכה שפסול נקלף הוא בכולו.

U

במגיד משנה פ״ח מלולב ה״ז מפורש שאין העוקץ חלק מגוף האתרוג, וכבר הוזכר הדבר גם בראי״ש פ״ג מסוכה ואור זרוע סי׳ ש״ט ועוד.

ולפי זה כשחסר חלק מגוף העוקץ, מאחר שאינו מגוף האתרוג אינו פסול מצד חסר.

ואע״פ שבגמרא סוכה לה, ב מבואר שאם ניטל העוקץ פסול לכמה שיטות מהראשונים וכ״ה להלכה, זהו משום שאנו חוששין שע״י נטילת העוקץ נגרר אחריו מקצת בשר מן האתרוג, אבל אין פסול בעצם בחסרון העוקץ. וכן מפורש בהגהות מימונית פ״ח מלולב ה״ז וכן הוא בפירוש רבנו חננאל ועוד ראשונים.

נמצא לפי״ז, שבאופן שאין חשש שניטל חלק מבשר האתרוג, בזה אף שחסר העוקץ כשר.

אמנם, לשון הרי״ף ״ואם נעקר מן העץ שהוא בוכנתו מעיקרו ולא נשתייר ממנו באסיתא כלום נמצא מקומו כמו גומא שהוא באסיתא **ונראה כמו נקב וחסר** ולפיכך פסול״.

רואים אנו בדברי הרי״ף הגדרה חדשה, שע״י שבמקום נטילת העוקץ נשארה גומא, נראה האתרוג כמו נקב וחסר — ולכאורה הואיל ואינו חסר היכן מצאנו פסול של נראה כחסר.

וראה גם בראי״ש ״ועתה לפירוש קמא אין פסול בעוקץ כלל אפילו נתלש העוקץ ונשאר מקומו כמו גומא לפי שלא נחסר מגוף האתרוג כלום, מידי דהוי אנקלף דלא מיקרי חסר דאין הקליפה מכלל האתרוג״.

חסר הוא מטעם לקיחה תמה, באמת אין זה מוסכם בין הראשונים, ויש פוסלים חסר מטעם הדר. ואמנם דעת הרא״ש ורבינו ירוחם דחסר פסול מטעם לקיחה תמה, וכמפורש בדבריהם, ולכן חילקו בין פסולי הדר לפסול חסר לענין חוטמו, משא״כ הר״ן שמפורש בדבריו בריש פ׳ לוה״ג דחסר פסול מטעם הדר, שפיר דימה פסול חסר לשאר פסולי הדר, וז״ב. (אגב, המעיין היטב בדברי הר״ן שם יראה מה דיש להעיר ע״ד הט״ז בסי׳ תרמ״ט סק״ט, ואכ״מ). ולפי״ז נפל בבירא ספיקת האחרונים, דאין שום מקור לומר דישתנה ענין הפסול בחסר בחוטמו מחסר בשאר האתרוג.

N

בטור פוסל ניקב מטעם לקיחה תמה ראה טור תרמ״ט, ובריטב״א סוכה פ״ג פוסלו מצד הדר, ועי׳ חיי אדם כל קנ״א סעיף י״ב בנשמת אדם שתלאו במחלוקת הראשונים אם בחסר צריך רוחב כאיסר או לא.

והעירני הגאון ר׳ רפאל רייכמאן שליט״א דבריטב״א ר״פ לולב הגזול בד״ה ״בשלמא יבש״ מפורש דחסר גופיה פסול מטעם הדר, ונמצא דגם הריטב״א אינו מחלק בין חסר לניקב.

O

נקב בחוטם ביום הראשון פסול. עפ״ד הרמב״ן והר״ן שחסר פסול מצד הדר, וא״כ גם בנקב יפסל מצד הדר, ראה ביאור הלכה תרמ״ח סעיף י״ב ד״ה שינוי, ואע״פ שהמ״ב לא איירי בניקב אלא בנסדק כתב החזו״א בסי׳ קמז סק״ב שנסדק הוא בכלל ניקב, (וצ״ע הרי למש״כ בחלק העיוני סימן ז׳ דסברת המ״ב להחמיר מכח הכלל שכל שנפסל ברובו — בחוטמו הוא במשהו, וא״כ זהו רק בנסדק ולא בניקב, שאין הלכה ניקב ברובו, וצ״ע.)

P

בשאר ימים — כשר. [חזו״א קמ״ז] דאפשר שחסר אינו פסול משום הדר, וכן אפשר שאין פסולי הדר בשאר ימים ובפרט למש״כ במקום אחר שאותן שיטות שפסלי משום הדר, ע״כ ס״ל שפסולי הדר ליתא בשאר ימים.

Q

ואע״פ שאינו ניכר הנקב ולא השאיר רושם פסול, [מאמר מרדכי תרמ״ח ס״ק ב׳ — ודלא כהרש״ש סוכה לו]. וכמו״כ אף אם נסתם הנקב ואינו נראה עוד — פסול, שהרי שאף שמלשון הרא״ש כדי ״שיראה״ הנקב משני הצדדים היה מקום לטעות, מ״מ הרי בשאר הראשונים לא הוזכר כדי שיראה, וכן מבואר בדברי עולא סוכה לו, ״נקב מפולש במשהו״ — וגדר משהו אין לו שיעור ומוכח שאע״פ שלא נראה פסול.

R

מלשון הרמ״א ״אע״פ שיש בהם חסרון״ מבואר שלמעשה אני רואה גומא וחסר וכן מפורש בלבוש ״שנראה בהם חסרון״ וכ״כ בשו״ע הרב בסעיף ט׳ ״ואע״פ שעל גבי עור זה יש גומא וחסרון בגוף האתרוג״, ומכל מקום כשר. והטעם שהואיל והוקרם עליו עור בדרך גידולו זוהי שלמות צורתו.

אם לא הוגלד לגמרי — פסול [רמ״א שם].

שאינו הדר. וכסברתו מצאתי בשו״ת פעולת צדיק ח״ג סימן כ״ח, אמנם סברא זו צ״ע שהרי המשנה ברורה כתב בביאור הלכה סעיף י״ב שהמחבר חושש ג״כ לשיטת הרמב״ם שהדד קרוי חוטם, וא״כ איך הכריע כדעת המגן אברהם להכשיר בניטל דדו ומקצת ממנו נשאר גבוה מן האתרוג.

K

וראה באריכות בחיים וברכה אות רנ״ט מה שהביא בשם הגר״ח סאלוויציק, והגאון המהרש״ם].

ובעיקר הסברא שכתב המהרש״ם שהובא בחיים וברכה להכשיר מראה שחור על הפיטם על החלק היותר גבוה מן האתרוג, משום שאי בעי שקיל ליה, ועל כן לא פוסל בו גם שינוי מראה, סברא זו הוזכר בראב״ד בתמים דעים לגבי הדס שיבשו עליו העליונים שלא פסלי בהדס, משום שאי בעי שקיל ליה.

אמנם בריטב״א ור״ן חולקים על הראב״ד ופסלי ביבשו עלים העליונים, וראה גם בביאור הלכה תרמ״ו סעיף י׳ ד״ה במקום בשם הבכורי יעקב, שהשו״ע לא ס״ל האי סברא ״אי בעי שקיל ליה״ מהא דסימן תרמ״ח סעיף י״ד בענין חזזית אם כשקולפו חוזר למראה אתרוג כשר, ולא אמרינן דכיון שיוכל לקלפו יוכשר תיכף. ועיי״ש בביאור הלכה שדחה הוכחת הבכורי יעקב.

ויש להעיר, הרי לשיטת המג״א בניטל חלק מן הפיטם, ונשאר גבוה קצת מן האתרוג כשר, אע״פ שמצד המציאות בכל פעם שהפיטם נופל או נשבר, נעשה במקום זה מראה פוסל או שחור או חום כהה, ומדוע לא יפסל מצד שינוי מראה, ומוכח שאינו פוסל שינוי מראה בחלק שהוא מעל משהו הגבוה מן האתרוג.

L

בטור תרמ״ט כתב שבשאר ימים מותר ליטול חסר לכתחילה. בראב״ד בתמים דעים סי׳ רל״ג כתב שמשום הידור מצוה אין לקחת חסר בשאר ימים, וכ״כ המאירי סוכה לו, ב, ומגן אבות להמאירי עמוד קמ״א. ואע״פ שמצינו בגמרא ש״רב חנינא מטביל ונפיק ביה״ ביאר בתמים דעים להראב״ד שם והובא גם במאירי, שהיתה אצלו שעת הדחק [מאחר שהיו לו ב׳ אתרוגים מאחד אכל והשני הקצה למצוה ואחרי שאכל מאחד אבד אותו שהוקצה למצוה ולא נשאר לו כי אם את החסר. ודבריו מוכרחים דאל״כ תקשה קושית הר״ן והריטב״א איך אכל מהאתרוג הרי הוקצה למצוותו, ולהראב״ד ניחא שאותו שאכל ממנו לא הוקצה למצוה.]

וראה תורת חסד או״ח ל״ז ומקראי קודש ח״ב סי׳ כ״ו שהאריכו שהידור זה, שלא לקחת חסר בשאר ימים, אינו מצד דין ״הדר״ המיוחד לאתרוג, אלא מדין הידור מצוה הכללי של ״זה אלי ואנוהו״.

M

כבר הבאנו לקמן בענין חוטם, ספקו של הפמ״ג תרמ״ט סקי״א בדין זה ונשאר בצ״ע וכ״ה בחיי אדם כלל קנ״א סעיף י״ב, דאפשר שמותר מטעם ספק ספיקא א. שמא אין הלכה כהר״ן הפוסל בחוטם במשהו ב. שמא גם פסולי הדר כשרים בשאר ימים.

והעירני הגאון ר׳ רפאל רייכמאן שליט״א שתמוה מאד מה שרצו האחרונים לתלות דין זה במחלוקת הראשונים אי פסולי חסר פוסלים בחוטמו בכל שהוא, ומאד יפלא איך לא הרגישו הפוסקים שהראשונים אזלי בזה לשיטתייהו. דהנה מה שנקטו כל הפוסקים לדבר פשוט שפסול

F

באתרוג העשוי כמגדל ע״ג מגדל, באשל אברהם תרמ״ח נשאר בצ״ע, אם גם המגדל התחתון בכלל החוטם. ובספר ארבעת המינים עמוד קי״א כתב, שמאחר שלשניהם יש ״חידוד״, ממילא גם התחתון בכלל. ועל־פי דברי הכפות תמרים שביאר דעת הרא״ש בשיטת הרי״ף, שכל השיפוע נקרא חוטם, אע״פ שברי״ף לא הוזכר אלא ״דדו״, מוכח שהרא״ש הבין שכמו שדדו נקרא חוטם משום שהוא מחודד, ולפי״ז גם המגדל התחתון בכלל החוטם שיש לו ״חידוד״.

G

ראה מ״ב בשער הציון ס״ק נ״ו בשם הפמ״ג שחזזית ומראה שחור שנעשה על האבבוע אינו פוסל, ולכאורה ה״ה כאן, שאינה על גוף האתרוג, אך יש לחלק שסברת הפמ״ג אפשר שהוא רק בחזזית, משום שדרכו בכך, כלשון המ״ב שם, משא״כ על גבי העלה אין דרכו בכך.

ועוד יש לעיין שלשיטה הראשונה שהובאה ברמ״א, שכשרות הבלא״ט מאה״ל הוא משום שאינו גבוה מן האתרוג, לא צריך לחידושו של הפמ״ג שאם נעשה ע״ג אבעבוע שאינו נפסל, א״כ אפשר שגם בנעשה ע״ג עלה יפסל וצ״ע.

H

יש לדון היכא שאותו מראה לא יצהיב גם לאחר זמן, אלא ישאר צבע זה, ואפילו יצהיב האתרוג כולו ע״י הנחתו ליד תפוחים, אותו מקום ייראה כמו חלודה, מה דין האתרוג.

ונראה שאין לפסלו מצד שאותו חלק לא נגמר בישולו וחסר בגמר פרי, שהרי בשו״ע סעיף כ״ב מבואר שאם האתרוג כביצה אפילו אם הוא בוסר שעדיין לא נגמר פריו כשר. ואף שבשו״ת חכם צבי סי׳ קס״ה תמה מדוע יוכשר כיון שלא נגמר פריו, ראה מש״כ ליישב בזה בשו״ת חתם סופר או״ח סי׳ קפ״א, וכבר הוזכר כסברתו שם בתוס׳ רי״ד סוכה לו.

I

נחלקו מורי הוראה, באם נפל הפיטם בעוד האתרוג על העץ אם פסול או לא, ויש המחלקים בין נפל בעודו קטן ממש לנפל בשלב מאוחר יותר, והרב הגאון ר׳ משה העלר שליט״א נתן בו סימן שכשיש חריץ סביב לפיטם (ראה תמונה 35) זהו סימן שנפל בעודו קטן מאד, וכשאין חריץ זהו סימן שנפל בשלב מאוחר יותר.

אך דודי הגאון רבי שלמה זלמן אויערבאך שליט״א אמר לי להכשיר כל סוגי הפיטם שנפלו בעודו על העץ, באם סיבת נפילתו מכח תכונתו הטבעית, ואין נ״מ באיזה שלב נפל מפני שכן דרכן של אתרוגים ודומה למש״כ הרמ״א בסעיף י״ג להכשיר סוג חזזית [ובלא״ט מא״ל] מאחר שדרכו בכך, וכן דומה למש״כ הרמ״א בסעיף ב׳ שקוץ הנעשה באתרוג ועלה בהם קרום שכשר, ולא נחשב לחסר מאחר שדרכו בכך וזהו דרך גדילתן, וכיו״ב כתב הגאון ר׳ שמואל הלוי וואזנר בספרו שבט הלוי חלק א׳.

J

מלבד זה העירני הרב הגאון ר׳ משה הלר שליט״א שיש לחוש לשיטת הרמב״ם שהחוטם הוא ״הפיטם״, וממילא לשיטתו, אם ניטל הפיטם, אע״פ שחלק נשאר הוא פסול מדין חסר או משום

אמנם מדברי הרמב"ם פ"ז מלולב ה"ח שסידר שיעור האתרוג עם שיעורי שאר המינים משמע ששיעור ביצה של אתרוג הוא מדין שיעור כשאר שיעורי המצוות ולא מדין גמר פרי.

אמנם גם אם נאמר ששיעור ביצה הוא משום שבהכי הוי גמר פרי, עדין יש להסתפק אם פירושו הוא משום שצריך גמר פרי ומשנגמר והגיע לשיעורו אפילו חזר ונצטמק כשר, או שמא ענין גמר פרי הוא סימן לשיעור הדרוש, ועי"כ אף בשעת הלקיחה צריך שיהיה שיעור זה. ומצינו שפליגי בזה באחרונים בחיי אדם כלל קנ"א סעיף ט"ז בנשמת אדם, ובשו"ת חתם סופר או"ח קפ"א והגהת רע"א החדשות סימן תרמ"ה ס"ו נקטו כהצד הראשון, אמנם בקרית ספר להמבי"ט פרק ז' מלולב וכן בשו"ת חוות יאיר סי' קצ"ב כתבו שהוא שיעור הלל"מ "ובשיעור אתרוג אמר לו כאגוז וכביצה" וכ"כ בכפות תמרים סוכה לה, א ולדעתם התנאי של גמר פירי אינו סיבה מצד עצמו, אלא סיבה לשיעור אתרוג כביצה וכאגוז, וכן משמע משו"ע סעיף כ"ב המכשיר בשיעור כביצה אע"פ שלא נגמר הפרי. וראה מש"כ בענין נצטמק.

D

והעיר הגאון ר' רפאל רייכמאן שליט"א שלמש"כ השערי ציון לקמן תרמ"ט ס"ק נ"ג, יש מקום לסמוך לברך בשאר ימים, [ונידון דידן עדיף מחזזית עי' בכורי יעקב תרמ"ט ס"ק ל'] אבל באמת מלשון התרומת הדשן שהוא מקור דברי החיי אדם הנ"ל, משמע דפסול משום דין חסרון בשיעור, שכתב "דכל דפחות מכשיעור כמי שאינו" ולא כמוש"כ החיי אדם דהוי רק חסרון של הדר, עכת"ד.

E

וכסברת החזו"א מוזכר גם בהגהת רע"א לקמן תרמ"ט סעיף ו' [בהגהות החדשות], שהביא את דברי המגן אברהם גבי חסר בשאר ימים שצריך עכ"פ שישאר כשיעור כביצה, והעיר הרי דין "ביצה" אינו דין בשיעור, אלא מצד גמר פרי, ואי"כ כשהיה גמר פרי, לא איכפת לן אף אם נעשה אח"כ פחות מהשיעור. וכן הוזכרה סברא זו בפמ"ג תרמ"ח במשבצות ס"ק י"ט.

אך לפי"ז יוצא שהמגן אברהם שמקורו מדברי הטור חולק, וס"ל שדין שיעור אתרוג כביצה הוא דין "בשיעור" ולא בגמר פרי, ואם כן בנצטמק משיעורו פסול. וראה בתוס' בכורים ובספר אבני נזר תפ"ב סעיף ה־ז.

והגאון ר' ישראל יעקב פישר שליט"א בספרו אבן ישראל הוסיף, שלסברת התוס' והרא"ש בסוכה ל, א, שיש טעם נוסף לשיעור "כביצה" משום שצריך שיהא מינכר בלקיחתו, הרי לטעם זה ג"כ יפסל בנצטמק פחות מכשיעור.

אמנם המעיין בדברי המהר"ם סוכה ל, א ובבכורי יעקב יראה, שמצד מינכר בלקיחה אין צריך כביצה, ואף פחות מזה נחשב כמינכר בלקיחה. ועיי"ש מה שביארו בדברי התוס', א"כ אין סיבה לפסול מכח סברא זו בנצטמק מן השיעור.

ובחזו"א תמה כיון שר' מאיר מכשיר בכאגוז ור' יהודא לא פליג אלא משום דלאו גמר פרי, מנא לן לחדש דפחות מכביצה לאו הדר הוא, ואולם כך מצאנו בראשונים, בפירוש הר"י מלוניל וברבנו מנוח פ"ח מלולב ה"ח שמפרשים מחלוקת ר"מ ור"י שנחלקו באיזה שיעור הוי הדר וכן כתב במהרי"ק שורש ס"ב אות א'.

הערות לחלק האנגלית

הערות לאתרוג

A

בנושא אתרוג המורכב יש תשובות רבות בספרי הפוסקים, וכמו שנבאר בחלק העיוני סימן א׳.

להלכה, רוב גדולי הפוסקים נקטו לאסור אתרוג המורכב, אלא שפליגי בטעם האיסור. יש שפסלוהו מדין ״נעבד בו עבירה״ [לבוש או״ח תרמ״ט סעיף ד׳] — שנעשה בו איסור. יש שפסלוהו מטעם ״חסר״ [מהר״ם אלשי״ך וט״ז תרמ״ט סק״ב]. ואף בשאר ימים שחסר כשר. מ״מ אם האתרוג בשיעור ביצה מצומצמת הרי חלק הלימון המעורב בו מחסירו משיעורו. יש שפסלוהו משום שאין לו שם ״אתרוג״ [תשובת הרמ״א קי״ז ומגן אברהם תרמ״ח ס״ק כ״ג]. בדומה לזה כתב בשבות יעקב סי׳ ל״ו דהוי כשני מינים המעורבים זה בזה, וכ״כ בחזו״א כלאים סימן ג׳ אות ז׳. ומצינו טעמים נוספים — בכפות תמרים סוכה לה, שהמורכב אין טעם עצו ופריו שוים, ובחתם סופר סי׳ ר״ז כתב על זה, שדבריו דברי אלקים חיים. יש שפסלו מדין ״בל תוסיף״ שמוסיף מין חמישי והוא הלימון [חלקת יואב סי׳ ל״ב]. ובנפש חיה, הובא בשו״ת בכורי שלמה או״ח סי׳ ז־ח, כתב, שפרי אחד אמר רחמנא ולא שנים. עוד הובא שם בשם הגאון ר׳ מרדכי גימפל, לפסלו מצד חציצה, שחלק הלימון חוצץ בין ידו לאתרוג.

B

עץ החושחש הוא מין תפוז יערי ממשפחת התפוז שפירותיו אינם ראויים לאכילה, וכבר כתב הגאון מרן החזון איש זצוקו״ל בספרו, כלאים, סימן ב׳ ס״ק ט׳ ״ונראה דתפוז יערי חושחש, מין אחד עם התפוז״ ולדבריו אין איסור הרכבה מחושחש לתפוז.

מאחר ומצויים כיום אתרוגים המורכבים מעץ חושחש, ולדברי הפרדסנים שמעו פסקי הלכה מגדולי תורה בזמנם שאין זה איסור הרכבה, עלינו להביא כאן פסק הלכה בזה, מדודי הגאון ר׳ שלמה זלמן אויערבאך שליט״א.

וכך כתב דודי שליט״א, [בכרם ציון הלכות ערלה פרק י׳ בגידולי ציון הערה ה׳] ״אמנם על עיקר הרכבה זו תמיהני, איך מרכיבים אותם ומקיימים אח״כ את האילנות המורכבים, הרי כל שהטעם חלוק הרבה, הוי כלאים גמור, ואין לך חילוק טעם גדול מזה, ומהיכי תיתי נאמר מסברא שהם מין אחד אלא שהחושחש הוא מדברי, ועי׳ בירושלמי סוטה פ״ח ה״ה״. עכ״ל שם.

ועכ״פ אף דברי מרן החזו״א, אינם אלא בהרכבת חושחש עם תפוז, שלדעתו חושחש הוא מין תפוז, משא״כ חושחש עם אתרוג, בזה ברור שגם להחזו״א הוא איסור הרכבה של שני מינים. ועל כן אמר לי דודי הגרש״ז אויערבאך שליט״א — שאתרוג המורכב עם חושחש הוא מורכב גמור.

C

ועי׳ בביאור הלכה שם שהביא בשם החת״ס שאף שנתקטנו הביצים ובשאר שיעורי המצוות צריך לשער בשיעור גדול יותר מביצה של היום, מ״מ לענין אתרוג שתלאו הכתוב בשיעור ״פרי״, הרי אם הביצה נשתנתה גם גודל האתרוג נשתנה, ועל כן די בשיעור ביצה של זמנינו.

״אבל זה יורה כי הספר החמישי הזה, אע״פ שהוא מיוחד עם הארבעה הראשונים, והכל קשר ובנין אחד, הנה הוא ענין בפני עצמו, כענין **״האתרוג״** שהוא מיוחד עם מיניו, שאין מצוותו אלא עמהם, אבל הוא בפני עצמו, שאין לאגדו באגד שלהם״.

והיינו שחומש דברים רומז לאתרג, וכמו שאתרוג הוא בנפרד מהג׳ מינים, כן חומש דברים הוא בנפרד מהד׳ חומשים.

רמז נפלא הובא באדרת אליהו, לרבנו הגר״א, בחומש דברים, על ענין הלולב. ספר דברים כולל כל התורה, וחמשה פסוקים הראשונים בחומש דברים, הם הכולל של כל ספר דברים, והם כנגד חמשה חומשי תורה, ובארבעה פסוקים הראשונים של דברים, יש רמ״ח אותיות, כנגד רמ״ח מצות עשה.

וכן לולב כולל רמ״ח מצות עשה, וכוללין בהלולב כל התנ״ך, שהם רישא וסיפא של תורה ונ״ך, (וכמו שהוזכר כבר ברוקח בהלכות לולב, שהלולב הוא כנגד התורה, ורמוז באותיות לולב, התורה מתחלת בב׳ בראשית, ומסתיימת בל׳ לעיני כל ישראל, והנ״ך מתחיל בו׳ ויהי, ומסתיימת באות ל׳ ויעל).

ולכן בב׳ פסוקים הראשונים של ספר דברים, יש כ״ב תיבות בפסוק ראשון, ובפסוק שני יש עשר תיבות, שביחד הם ל״ב תיבות, והוא כנגד מה שאמר בספר יצירה ל״ב נתיבות של תורה.

ובשני פסוקים האחרים יש ל״ו תיבות, וביחד מתחלק באופן של לו-לב, (ראה בספר תיקונים דף יח,ב).

הרי שענין לולב מרומז בחומש דברים, שכלול בו כל התורה.

אותיות "אתרג" המרומז בחומש דברים

ועכשיו נבא אל הרמז של "אתרג", שהוא מרומז בספר דברים.

כבר הבאנו **שאתרג** הוא כנגד **ה' אחרונה של שם הוי־ה**, וכן חומש **דברים** הוא כנגד **ה' אחרונה של שם הוי־ה.**

האתרוג, כפי שנאמר במדרש, רומז לצדיקים שיש בהם תורה ומעשים טובים. צירופו לג' המינים הנותרים, הרומזים לאלו שאינם שלמים בכל, רומז לצירוף מידת הרחמים למידת הדין, כמבואר במדרש רבה, בראשית, לג, ד, שהרשעים הופכים מידת רחמים למידת הדין, והצדיקים הופכים את מדית הדין למידת הרחמים.

וכך נאמר במדרש, ויקרא רבה, ל', י', שאף שהערבה רומזת לאלו שאין בהם לא תורה ולא מעשים טובים, לאבדן אי אפשר, אלא אמר הקב"ה יוקשרו כולם אגודה אחת והן מכפרין אלו על אלו. צירוף האתרוג הרומז לצדיקים, ממתיק את הדין הנוצר ע"י הרשעים, ברחמים.

[וראה ברמב"ן פר' אמור: "וערבי נחל כענין שנאמר סולו לרוכב בערבות", כי יתערבו במידת הדין ובמידת הרחמים].

כתב רבינו בחיי בפרשת דברים, שרוב השמות בחומש דברים, הם **ה' אלקים**, אשר שם זה מורה על צירוף **מידת הרחמים למידת הדין.**

ולכן פתיחת הספר היא במלים "**ה' אלקינו** דבר אלינו בחורב לאמר", וכבר הובא באדרת אליהו להגר"א שמכאן מתחיל עיקר הספר, ועד כאן הוא הקדמת הספר.

ולכן נמנה י"ג פעמים אזכרות שם "**ה' אלקים**" ונגיע לפסוק ל"ב "מאמינים **בה' אלוקיכם**". מכאן נמנה ה' פעמים אות א' [שהרי האתרוג רומז לאות **ה'** משם הוי-ה], ונגיע לתיבת "**לא**מר", וזוהי אות **א'** מאתרוג. עכשיו נמנה מ"ט אותיות מהאות א', האות החמישים היא **ת** "נשבע**ת**", הרי אות **ת'** של אתרג. מכאן נמנה מ"ט אותיות, האות החמישים היא **ר'** "דרך בה", הרי אות **ר'** של אתרג. מכאן נמנה עוד מ"ט אותיות, האות החמשים היא **ג' ג**ם אתה, הרי אות **ג'** של אתרג.

ויקצוף וישבע ל **א** מר דברים א, לד.
נשבע **ת** י לתת א, לה
את הארץ אשר ד **ר** ך בה א, לב.
בגללכם לאמר **ג** ם אתה א, לז.

וראה רבנו בחיי בתחילת דברים, שכתב, למה התחיל הספר "**אלה הדברים**" ולא "**ואלה הדברים**", כשאר החומשים, והיינו בו' המוסיף שכל הספרים הם קשר אחד, וכתב וז"ל:

רמזים מא

האחרון, ונגיע לפסוק ״העל**ל**מה״, הרי לך אות **ל** של לולב. מכאן נתחיל למנות מ״ט אותיות, האות החמישים היא **ו׳** ״**ו**הניקהו״, הרי אות ו׳ של לולב. מכאן נתחיל למנות מ״ט אותיות, ונגיע לאות החמישים שהיא אות **ל** ״**ל**בת פרעה״, והנה לך כבר אות ל׳ של לולב. מכאן נתחיל למנות מ״ט אותיות מהאות ל׳ האחרונה, האות החמישים היא **ב׳** ״**ב**ימים ההם״, וזוהי אות ב׳ של לולב. הרי רמז לאותיות **לולב** בתחילת ספר שמות.

ותלך הע **ל** מה ותקרא שמות ב, רו

והניקה **ו** לי ב, ט

ותביאה **ל** בת פרעה ב, י.

ויהי **ב** ימים ההם ב, יא

אותיות ״הדס״ המרומז בספר במדבר

ועכשיו נבא אל הרמז של אותיות ״**הדס**״ הנרמזות בחומש במדבר. עפ״י מה שכבר הבאנו, ״**הדס**״ הוא כנגד **ו׳** שבשם הוי־ה, וגם חומש ״**במדבר**״ הוא כנגד **ו׳** שבשם הוי־ה.

הדס רומז לבעלי מעשים טובים, כמו שנאמר במדרש ״מה הדס יש בו ריח וכו׳, כך ישראל יש בהם בעלי מעשים טובים.

אהל מועד הוא המקום שממנו עולה ריח ניחוח לה׳ מהמעשים הטובים של עבודת הקרבנות, ועל כן אותיות הדס הרמוזות בספר במדבר, הם אחרי י״ג פעמים שנזכרות המלים ״אהל מועד״.

אחרי שנמנה י״ג פעמים ״אהל מועד״, מתחילת הספר, נגיע לפסוק (ד — כ״ח) בני הגרשוני **באהל מועד**. (ובלבד שלא נמנה את הפסוקים ״מסך פתח אהל מועד״ וכן ״כלי אהל מועד״ שלא מדברים באהל מועד עצמו, אלא בכלים ובמסך). מכאן נתחיל למנות **ו׳** פעמים אות **ה׳** [שהרי ההדס הוא כנגד **ו׳** שבשם הוי־ה שאליו רומז ה**ה**דס], ונגיע לאות **ה׳** בתיבת ״חמשים שנ**ה**״, והיא אות **ה׳** שבהדס. מכאן תתחיל למנות מ״ט אותיות, האות החמישים היא **ד׳** ״עב**ד**תם״, והיא אות **ד׳** שבה**ד**ס. מכאן נתחיל למנות מ״ט אותיות, והאות החמישים היא **ס׳** ״**ס**ביב״, והיא האות **הס׳** של הדס.

בן חמשים שנ **ה** תפקדם במדבר ד, ל.

לכל עב **ד** תם באוהל מועד ד, לא.

ועמודי החצר **ס** ביב ד, לב

הזאת וגו׳, התורה נדרשת במ״ט פנים וכו׳ כמנין ״מואב״ (שהוא מ״ט), וזהו שכתוב ״כמטמונים תחפשנה, מ״ט — מונים.

ועכשיו נבאר גילויו של הגאון הנ״ל זצ״ל.

אותיות ערבה הרמוז בחומש בראשית

כבר הבאנו שספר בראשית הוא כנגד אות **י׳** של שם הויה, וגם ערבה היא כנגד אות **י׳** שבשם הויה, הרב וויסמנדל זצ״ל מצא רמז לערבה בתחילת ספר בראשית.

אם נמנה מתחילת ספר בראשית י״ג פעמים שם **״אלקים״**, שהוא חלק משם הספר בראשית ברא ״אלוקים״, נמצא בו סדר אותיות הרומז לערבה.

וכך הוא הסדר: לאחר שנמנה י״ג פעמים שם **אלוקים**, נגיע לפסוק ויאמר **״אלוקים״** תדשא הארץ. אם נתחיל למנות מאחרי אזכרה זו של שם אלקים, **י׳** פעמים **ע׳** [שהרי אנו מחפשים את האות **י׳** של שם הויה שאליו רומזת ה**ע**רבה — לכן נמנה י׳ פעמים ע׳], נגיע לאות **ע** של תיבת **וע**ץ עושה פרי, הרי לך אות **ע** של ערבה.

אם נמנה אח״כ **מ״ט** אותיות מהאות ע׳, נגיע לאות החמישים שהיא **ר** ויהי בק**ר**, הרי לך אות **ר׳** של ערבה. אח״כ נמנה עוד מ״ט אותיות מהאות ר׳ האחרונה, ונגיע לאות החמישים **ב** ״**ו**בין הלילה״, הרי לך אות **ב׳** של ערבה. אח״כ נמנה עוד מ״ט אותיות מהאות ב׳ האחרונה, ונגיע לאות החמשים שהיא אות **ה׳** ״**ה**שמים להאיר״, הרי לך אות **ה׳** של ערבה.

ולמינהו **ע** ץ עשה פרי בראשית א, יב
ויהי בק **ר** יום שלישי א, יג
בין היום ו **ב** ין הלילה א, יד
ברקיע **ה** שמים להאיר א, טו

אותיות לולב הרמוז בחומש שמות

כבר הבאנו לעיל **ש״לולב״** הוא כנגד **״ישראל״**, וכמו שאמר הירושלמי **״לולב אחד כנגד גוי אחד״**, וכנגדו גם ספר **שמות הוא כנגד ״ישראל״, וזה שם הפתיחה של החומש, ואלה שמות בני ״ישראל״.**

הלולב רומז לאות **ה׳** של שם הויה, וכמו״כ ספר שמות רומז לאות **ה׳** של שם הויה.

מעתה אם נמנה י״ג פעמים שם **״ישראל״** מתחילת הספר, ונכלול גם שם ״העם״ ״העברי״ ״יעקב״ ״העבריות״, שגם הם שמות של עם ישראל, הרי נגיע לפסוק **״העבריות״, שם נתחיל למנות ה׳** פעמים אות **ל׳** [שכן הלולב כאמור רומז לאות ה׳ שבשם הויה], ״מהעבריות״

נמצא שארבעת המינים מרמזים על ג׳ דברים.

א. שם הויה ב״ה

ב. התורה

ג. ישראל

וזהו שאמרו בזהר פרשת אחרי, **קוב״ה ואורייתא וישראל**, חד הוא, תלת דרגין מתקשרין דא בדא.

וכבר רמז לזה בירושלמי הובא באליה רבא סימן תרנ״א, אתרוג אחד כנגד **״אל אחד״ לולב אחד כנגד ״גוי אחד״, ג׳ הדסים כנגד ג׳ אבות, ב׳ ערבות כנגד ״שני לוחות הברית״. והיינו ״קב״ה״ ״ישראל״ ״ואורייתא״.**

והנה בתורה מפורשים רק ב׳ מינים, לולב וערבה, דהיינו כפות תמרים וערבי נחל, ואילו אתרוג והדס אינם מפורשים, אלא שחז״ל פירשו כן מפי הקבלה, שזוהי כוונת התורה.

וראיתי לגאון וקדוש, ה״ה הרב ר׳ מיכאל דב ווייסמנדל זצ״ל, בספרו תורת חמד, שגילה בחכמתו העצומה ובקדושתו הטהורה, סודות נפלאים ורמזים הצפונים בתורה.

ונקדים דברי הגר״א בפירושו לספרא דצניעותא פרק ה׳, וז״ל: ״והכלל כי כל מה שהיה והוה ויהיה עד עולם, הכל כלול בתורה מבראשית עד לעיני כל ישראל. ולא הכללים בלבד, אלא אפילו הפרטים של כל מין ומין ושל כל אדם בפרט, וכל מה שאירע לו מיום הוולדו עד סופו, וכל גלגוליו וכל פרטיו ופרטי פרטיו״ וכו׳, עכ״ל.

כידוע הגאון רבי מיכאל דב ווייסמנדל הראה באותיות ומופתים איך שליכא מידי דלא רמיזא באורייתא, ע״פ דרך מיוחדת של דילוג אותיות, שע״י קריאת אותיות התורה בדילוגים מסוימים, מתגלים רמזים מפורשים להרבה ענינים בתורה. ולהלן תתבאר יותר דרך זו מתוך הדברים.

ובנה דבריו ע״פ דברי רבנו בחיי, בראשית, סוף פסוק ב׳, שתוכן דבריו הוא, שעל ידי צירוף אותיות מהתורה בדרך של דילוגים שוים, מתגלים שמות קדושים. ומסיים שם רבנו בחיי: ״והמשכיל יבין יוכל להבחין, כי אין זה דרך מקרה, אבל הוא מופת גמור״.

הרב ווייסמנדל זצ״ל מצא בדרך זו, בדילוגים של מ״ט אותיות, רמזים נפלאים בתורה על ענייני ארבעת המינים.

נזכיר כאן שרמזיו של מספר מ״ט בתורה, הוזכרו בחז״ל, במד״ר במדבר [פרשה ב׳ אות ג׳]: ״ולמדני משה תורה שהיא נדרשת במ״ט פנים, ״ודגלו״ עלי אהבה, שמנין ״ודגלו״ עולה מ״ט״.

וכן ברבנו בחיי עה״ת פרשת דברים שהזכיר, בארץ ״מואב״ הואיל משה באר התורה

כולל כל התורה. חמשה פסוקים הראשונים שבו, כוללים את כל ספר דברים, והם כנגד חמשה חומשי תורה, ובארבעה פסוקים הראשונים של דברים יש רמ״ח אותיות, כנגד רמ״ח מצות עשה.

וכן לולב כולל רמ״ח מצות עשה, ובאותיות לולב כלולים כל התנ״ך, כי אותיותיו הם רישא וסיפא של תורה ונ״ך, וכמבואר לעיל.

ולכן בב׳ הפסוקים הראשונים של ספר דברים יש ל״ב תיבות — כ״ב תיבות בפסוק ראשון, ועשר תיבות בפסוק שני — והם כנגד האמור בספר יצירה, ל״ב נתיבות חכמה. ובשני הפסוקים האחרים יש **ל״ו** תיבות, וביחד מתחלק באופן של **לו — לב**. וראה בספר תיקונים דף י״ח, ב׳. הרי שענין **לולב** נרמז בתחילת ספר דברים שכלול בו כל התורה.

התבאר לעיל שארבעת המינים נרמזים בשם הויה ב״ה.

חמשה חומשי תורה, רמוזים גם הם בשם **יהו־ה** כמבואר בזהר, וכפי שסדרם הגר״א באדרת אליהו:

י בראשית

ה שמות

ו במדבר

ה דברים

חומש ויקרא אינו במנין, מאחר שהוא עיקר תורת כהנים, ובו נכללים עיקרי התורה, ובראשית שמות הוי כשתים לפניה, ובמדבר דברים הוי כשתים לאחריה.

סדר ארבעת המינים ביחס לחמשה חומשי תורה, וסדר שניהם ביחס לשם הוי״ה, מתחלק באופן זה:

י ערבה	**י** בראשית
ה לולב	**ה** שמות
ו הדס	**ו** במדבר
ה אתרוג	**ה** דברים

הרי שארבעת המינים הם כנגד ארבעה חומשים.

ארבעת המינים הם כנגד ישראל

ארבעת המינים הם גם כנגד **ישראל**, וכמו שאמר המדרש ויק״ר פרשת אמור, פרי עץ הדר אלו **ישראל**, מה **אתרוג** יש בו טעם וריח, כך ישראל, יש בהם בני אדם שיש בהם תורה ויש בהם מעשים טובים. **הדס** יש בו ריח ואין בו טעם, כך ישראל יש בהם, בעלי מעשים טובים שאין בהם תורה. **לולב** זוהי התמרה שיש בה טעם ולא ריח, והוא כנגד ישראל שיש בהם בעלי תורה שאין בהם מעשים טובים. **ערבה** אין בה טעם ואין בה ריח, כך ישראל יש בהם בני אדם שאין בהם לא תורה ולא מעשים טובים.

אמנם, ראה בביאור הגר״א לספר יצירה פ״א מ״א, וז״ל: ״שוכן עליהם בערבות, שנאמר סולו לרוכב בערבות כי בי-ה שמו, והוא חכמה, כמו שנתבאר לעיל, ונאמר ביה שמו, הרי ״י-ה בחכמה״, עיי״ש.

ועיי״ש גם מש״כ לפני כן, שחכמה הוא יו״ד שבשם, ומסיים שם שהוא שוכן בערבות, הרי שאפשר שערבה מרומז כנגד י׳ בשם שבחכמה.

כמו״כ יש לומר שהלולב מרמז על שם ה׳ שבשם הוי-ה, דהרי לולב בגימטריא ״חיים״ וזהו בינה, כמבואר בשער הכוונות עמוד צו, ב, וז״ל: ״והנה אהי-ה הוי-ה אהי-ה הם בגימטריא ״חיים״ וזה תכוין בזכרנו לחיים״, ועיי״ש שזהו בינה, ואימא, והוא ה-ה׳ הראשונה של שם הוי-ה.

וראה גם מש״כ בשער הכוונות דף ח, ב, וז״ל: ״והרי הם ג׳ שמות אהי-ה אהי-ה בתפילין של ראש, והם בגימטריא ״חיים״ ונקרא חיי המלך לפי שהם מצד ״אימא״ הנעשים בתפילין ש״ר דז״א״.

ואפשר גם לומר, שהרי המדרש אומר ש״כפות תמרים״ זה הקב״ה, שנאמר ״צדיק כתמר יפרח״, ואות צ׳ בא״ת ב״ש הוא אות ה׳ — הרי שה׳ הראשונה הוא כנגד לולב.

וענין הדסים מרומז בו שם הוי-ה, שהרי שלשה הדסים הם חג״ת, וזהו הו׳ שבשם.

ומבואר מכל זה, שארבעת המינים רומזים לשם הוי-ה ב״ה.

ארבעת המינים רומזים לתורה

ברוקח הלכות לולב כתב, שאותיות המילה לולב יש בהם רמז לתורה, המתחילה ומסתיימת באותיות אלו.

התורה מתחילה באות **ב** **ב**ראשית, ומסתיימת באות **ל** לעיני כל ישרא**ל**, והנ״ך מתחיל באות **ו** **ו**יהי אחרי מות משה, ומסתיים באות **ל** ויע**ל** — הרי אותיות **לולב**.

וכן הוא בתניא רבתי שלולב הוא כנגד **ל״ו** מסכתות ואותיות **ל״ב** של תחילת התורה וסופה. וכן הוא בשו״ת מהר״י ווייל סי׳ קצ״א, והוסיף שאתרוג עולה **תר״י** עם **ג** מיניו עולה **תרי״ג** — וכל המקיימו כאילו קיים כל התורה כולה.

וצריך לומר שהרמז של לולב אין זה רק על לולב אלא על שם ארבעת המינים, הנקראים בחז״ל על שם הלולב, שלכן מברכין על נטילת לולב, שמינו הוא הגבוה מכולם.

הגר״א בספרו אדרת אליהו בתחילת ספר דברים, הביא רמז נפלא לענין זה. והוא, שספר דברים

רמזים בפנימיות התורה לעניני ארבעת המינים

ארבעת המינים כנגד שם הויה ברוך הוא

בבית יוסף, או״ח סי׳ תרנ״א, הביא בשם הרקאנטי פרשת אמור, וז״ל: ״צריך לסמוך האתרוג עם שאר המינים, שלא להפריד מן הבנין, וסוד זה נגלה אלי בחלום, בליל יו״ט הראשון של חג הסוכות, בהתאכסן אצלי חסיד אחד אשכנזי, בשם הרב ר׳ יצחק, וראיתי בחלום שהיה כותב השם ביו״ד ה״א, והיה מרחיק הה״א אחרונה מן הג׳ האותיות הראשונות, ואמרתי לו מה זה עשית, והשיב כך נוהגים במקומינו, ואני מחיתי בו, וכתבתי אותו שלם, ואשתומם על המראה, ואין מבין. למחר בעת נטילת לולב, ראיתי שלא היה מנענע רק הלולב ומיניו, בלא אתרוג, והבנתי פתרון חלומי״. עכ״ל.

מדברי הרקאנטי עולה, שאותו חסיד שהרחיק האתרוג מהג׳ מינים, הרחיק אות ה׳ אחרונה של שם **יהו־ה** משאר המינים שהם **יה־ו**. מבואר א״כ, שארבעת המינים רומזים לשם **יהו־ה**.

הב״י מביא גם את המשך דברי הרקאנטי: ״ורבותינו ז״ל רמזו סוד זה בויקרא רבה [אמור ל-ט]. **פרי עץ** ״**הדר**״ זה הקב״ה, שנאמר הוד **ו**״**הדר**״ לפניו, ״**כפות תמרים**״ זה הקב״ה, שנאמר צדיק ״**כתמר**״ יפרח, ״**ענף עץ עבות**״ זה הקב״ה, שנאמר והוא עומד בין ״**ההדסים**״, ״**וערבי נחל**״ זה הקב״ה, שנאמר סולו לרוכב ״**בערבות**״ כי **ב**י**ה** שמו״. עכ״ל.

הדבר מבואר גם בזהר פרשת ויחי (דף ר״כ), ״תא חזי כל הנקרא בשמי וכו׳, ואית מינייהו דאחידן בשמא קדישא, כגון **לולב ואתרוג הדס וערבה**״.

אם נסדר סדר האותיות של שם יהו־ה מול ארבעת המינים לכאורה יוצא כך.

י הוא כנגד ערבה — שבה נאמר סולו לרוכב בערבות כי **ביה** שמו

ה זהו לולב

ו זהו הדס שנאמר **ו**הוא עומד בין ההדסים.

ה זהו אתרוג, שנאמר הוד **וה**דר לפניו, וכבר מבואר ברקאנטי שהרחקת אות ה׳ אחרונה מ״יהו־ה״ רומזת לאתרוג שהרחיק החסיד, הרי שה׳ אחרונה היא כנגד אתרוג.

ויש להעיר שבאמת בכתבי האר״י הקדוש ז״ל מבואר, שהשם יהו-ה כנגד ארבעת המינים הוא בסדר זה, י׳ כנגד הדס, ה׳ כנגד ערבה, ו׳ כנגד לולב, ה׳ אחרונה כנגד האתרוג, ראה באריכות בפרי עץ חיים, שער כ״ט.

זהירות בדיני קנינים בארבעת המינים לה

הרה״ג ר׳ נפתלי נוסבוים שליט״א, שבודאי יצטרכו שומא ולחלוק בפני ב״ד, שהרי אין אתרוג זה, שוה כאתרוג זה, אמנם סגי בג׳ אנשים].

והסכים לכל זה הגאון רבי יוסף שלום אלישיב שליט״א.

תשלום בשיק

מהותו של שיק בהלכה אינו כסף, אלא כשטר חוב. [ואינו דומה לבאנקנאטען המובא בשו״ת חתם סופר יו״ד קל״ד, ותשובה מאהבה סי׳ ל״ה, ששם מצד דינא דמלכותא דינא נחשבים ככסף עצמו, ויש חיוב מצד המלך לסחור בהם]. אמנם, באופן שכתב שיק על תאריך שלפני החג, והסוחר כבר גבה אותו בבנק, פשוט שמועיל. ואף אם כתבו על תאריך מאוחר יותר, מ״מ, העירני בן דודי האברך החשוב ר׳ שמחה בונם ליזרזון שליט״א, שאם פרע בו המוכר חובו לסוחר אחר לפני החג, הוי כאילו כבר גבה ממנו ממונו.

ואף בלא גבה בו עדיין, אפשר ג״כ שמועיל לא רק מדיני קנין סיטומתא, אלא כמו שהעיר דודי הגאון רבי שלמה זלמן אויערבאך שליט״א בהסכמתו לספר ארבעת המינים, וז״ל: ״נלע״ד חידוש דאפילו קעייל ונפיק אזוזי, שאינו קונה אלא בדמים, מ״מ כיון דבערב החג ממש הרי לא יוכל המוכר למכור את האתרוג, וברור הדבר שאז ודאי לא יתרצה כלל המוכר לקבל את האתרוג מהלוקח ולבטל המקח, לכן נראה דתו לא חשיב כלל כעייל ונפיק אזוזי, כיון דטפי ניחא ליה שהלוקח ישלם לו לאחר זמן מלבטל המקח״. עכ״ל. וכל־שכן כאן שכבר נתן לו השיק שעדיף טפי וגמר ומקני, ראה ב״מ דף עח, א, שהמוכר שדהו מפני רעתה שגמר ומקנה.

הלולב שאנו נוטלין ביום הראשון, הוא סימן שזכינו בדין ביום הכיפורים, וזה שאמר הכתוב: ״אז ירננו עצי היער לפני ה׳ כי בא לשפוט הארץ״. במי הכתוב מדבר, בישראל ובאומות העולם. שהקב״ה דן אותם ביוה״כ, אלו ואלו נכנסים לדין ואין אנו יודעים מי הנוצחים, אמר הקב״ה, טלו לולביכם בידיכם, והכל יודעים שזכיתם בדין, משל לשני בני־אדם שנכנסו לדון לפני המלך ולא היו יודעים הבריות מי נוצח, אלא מי שהוא יוצא במקל לבן או תפוח בידו אז יודעין שהוא יצא זכאי מלפני המלך.

(דעת זקנים מבעלי התוס׳ פ׳ אמור כג, מ)

הסמוך על שלחנו, וכן זכייתו מן ההפקר, שייכים לאביו, ואביהם אינו יודע כלל ממעשיהם ואינו מתכוין להקנות, אין הקונה יוצא בהן לפי שאינן קנויות לו.

ואף באופן שתולש מן ההפקר, והרי זה בגדר מעשה ידיו מאחר שיש לו טירחא, מ״מ מבואר ברמ״א חו״מ סימן ע״ר שגם מעשה ידיו שייך לאביו.

והיא הערה נפלאה, שלכאורה לא ראיתי מחמירין בזה. ומצאתי במועדים וזמנים ח״ו, סימן מ״ה, שכתב ליישב שרק אם באקראי מצא מציאה הרי היא שייכת לאביו. ומה שפסק הרמ״א הנ״ל שגם מעשה ידיו שייך לאב, עיי״ש בערוך השלחן שמפרש, דמיירי בעסקו בשל אב, אבל מה שהרויחו בשל עצמן שייך להם, ולכן אם ליקטו הדסים וערבות מההפקר שאין לזה קשר ושייכות לאב, זהו מעשה ידיהם השייך להם.

ואף אם נאמר כפשטות דברי הרמ״א שאם הרויחו שייך להאב, מ״מ אפשר שכוונתו שאם האב רוצה יכול ליקחנו, שהואיל והבן מתפרנס משלו, זכותו לקחת ממנו כל מה שמרויח כשירצה, אבל כל זמן שלא לקח שייך לבן, ורק הדמים שייכים לאב, ולכן יכולים למכור בלא דעת האב.

עץ ערבה בבית משותף

ערבה הגדלה בבית משותף, גם אם השכנים מסכימים, מ״מ, היות והקרקע שלהם, ויש להם חלק בעץ גופא, יש צורך, מלבד הסכמתם, גם לקנות מהם בפעולת קנין.

ולכן המוכר לאחרים או לוקח לעצמו מעץ זה צריך לעשות קנין בעץ. אם הוא מחובר לקרקע והעץ עדיין צריך לקרקע, יכול לשלם לשכנים כסף כדי לקנות חלקם, כמבואר בחו״מ סי׳ קצ״ד שהמחובר לקרקע דינו כקרקע ונקנה בכסף. ובאופן שאין העץ צריך כבר לקרקע, הרי לדעת הרמ״א שם אין דינו כקרקע, ולכן לא די שישלם לשכנים חלקם, אלא יעשה משיכה או הגבהה לשם קנין, ואז יכול לקחתם לעצמו או למכרם לאחרים.

באופן שאין השכנים מסכימים — הרי לעצם הנטיעה אין יכולים להתנגד, שהרי הגינה עשויה לנטוע בה [מלבד אם השכן העליון רוצה לנטוע עץ בגינה, והשכן התחתון מתנגד, ובמיוחד בעץ ערבה שידוע שמשריש שרשיו עמוק ומגביה רצפת הקרקע, בזה בודאי יכול להתנגד, ולא נאמר שהגינה עומדת לנטוע בה. וגרע מהיורד לשדה חבירו. כן נראה לי].

ולענין הבעלות על העץ, אע״פ שחלק מהעץ שייך גם לשכנים, מ״מ יכול לקחת לעצמו ערבות כפי חלקו בעץ [לפי חלוקה שווה בין השכנים] ויכול גם למכור לאחרים מחלקו. אך יותר מכפי חלקו אינו שייך לו, ואינו יכול לקחת לעצמו, וכן אין יכול למוכרו לאחרים.

ואין צריך שומא בפני ב״ד על עצם החלוקה, שהרי דמי למש״כ בשו״ע חו״מ קע״ו סעיף י״ח, שבמטבע שכולם שוים אין צורך בשומא ואין צורך בב״ד כדי לחלוק. [אך בעץ של אתרוג העירני

סימן י״ג

זהירות בדיני קנינים בארבעת המינים

רצוי לשלם עבור הד׳ מינים לפני החג.

מן התורה מטלטלין נקנין רק בקנין כסף, אבל שאר קנינים כמו משיכה והגבהה אינם אלא מדרבנן. מאחר שדין ״לכם״ ביו״ט ראשון הוא מן התורה, רצוי לשלם לפני כן, [שירי כנסת הגדולה תרנ״ח אות ד׳, מחנה אפרים הלכות מכירה קנין משיכה סימן ב׳ ומשנ״ב תרנ״ח סק״י]. אמנם כיון שמדרבנן אין כסף קונה במטלטלין, יכוין גם לקנות במשיכה או הגבהה כדי לקנות גם מדרבנן.

וראה בפיוט ר״א הקליר ליו״ט שני, בברכת מגן אברהם, ״קיחתם בדמים יכשרו לשם איום, ראויים להינטל בזה ראשון יום״, והיינו שלא יוכשר לנטילה אא״כ שילם דמים.

שילם פרוטה כמקדמה והשאר זקף במלוה — מועיל, [אור שמח פ״ח מלולב הלכה י׳].

זקף הכל במלוה — גם זה מועיל

לשיטת הריטב״א סוכה כט, ב, כשר גם לכתחילה, שדין ״לכם״ הוא רק להפקיע גזילה, ולא כשלקחו ולא פרע הדמים, שהוא שלו לכל דבר ואין הדמים עליו אלא חוב. ויש שכתבו עוד טעמים להקל. א. שקנין דרבנן מהני לדאורייתא, ב. כדברי החתם סופר סוכה ל, ב, מאחר שנהגו העולם לקנות בקנין משיכה, חזר דינו לקנות מן התורה. ג. לאחר שהכניסו לרשותו בכוונה לקנות מהני ביה קנין חצר. [משנה ברורה שם].

אין לקנותו מקטן

בשו״ע סימן תרנ״ח סעיף ו׳, נפסק שאין בכח קטן להקנות, ויש מי שאומר שאם מגיע לעונת הפעוטות (גיל שבע לדעה אחת) מותר.

וכתב בשו״ת כתב סופר, או״ח סי׳ קכ״ח, והובא בביאור הלכה, שם שמכיון שיש מי שאומר שבהגיע לעונת הפעוטות יש בכוחו להקנות מן התורה, לכן אם קנה לולב מקטן זה ונטלו, שוב לא יחזור ויברך על לולב אחר מחשש ברכה לבטלה.

לקנות מגדול הסמוך על שלחן אביו.

ראה בספר ארבעת המינים עמוד תע״ה, שרצוי לא לקנות ערבות מגדולים הסמוכים על שלחן אביהם, הלוקחים ממקומות הפקר ומוכרים בלא ידיעת האב, שאפשר שמאחר שמציאת בנו הגדול

לפסלו, הוא אם כבוש ברובו, א״כ באופן שרק מיעוט ההדס במים ולא רובו, אין בזה פסול כבוש.

אך אם מכניס הג׳ מינים במגבת רטובה, באופן שמקבלים רטיבות של טופח ע״מ להטפיח, יש לזה דין כבוש, והואיל וזה ברובם — פסולים.

וכל זה אם מונחים כ״ד שעות בלא הפסק, אבל אם מחליף את המים או מוציאם בתוך כ״ד שעות, אין בזה פסול כבוש כמבואר ביו״ד סי׳ ק״ה.

מי שקונה אתרוג עם לולב, זוכה לחיי העוה״ב והעוה״ז, ובנים צדיקים שיש להם לב בתורה

א״ר בשם המהרי״ל, ושו״ת מהרי״ו

ובההוא אגרא, דטרחין ישראל ומייתי הושענה ואתרוגי, ומברכין עלייהו, קמי קוב״ה מידכר להו , ומחית להו מיטרא בעידניה.

בה״ג

הטעם שמנענעין בתיבות ״אנא ה׳ הושיעה נא״ ולא ב״אנה ה׳ הצליחה נא״ מבואר באבודרה״ם, שהנענוע הוא לעצור רוחות וטללים רעים, ולגעור בשטן, לפיכך צריך לנענע על תפילת ״אנא ה׳ הושיעה נא״ כלומר הושיעהו מאלו הניזקין, אבל ב״אנה ה׳ הצליחה נא״ לא שייך טעם זה.

סימן י״ב

פסול כבוש בארבעת המינים

בשו״ע תרמ״ח סעיף ט״ו מבואר שאתרוג כבוש פסול, ובשאר מינים, בשו״ת חתם סופר יו״ד ס״ס פ״א פסלו.

יש מביאין ראי׳ מלשון הרמב״ן הובא בב״י תרמ״ה ״שהדס וערבה ששלקן או שכבשן לרפואה שהן פסולין״. ובבכורי יעקב סוף סי׳ תרמ״ז כתב, שהוא טעות סופר, וצ״ל ״שהן כשרין״. וכ״כ בעמק ברכה להגרי״א פומרנצ׳יק, לולב, אות י״ז, בשם החזו״א.

הרבה מגדולי הפוסקים דנו ג״כ בדברי החתם סופר והעלו להכשירו, ושלא כדבריו.

והמעיין בלשון הרמב״ן בתשובות ופסקים להראב״ד [הוצאת מוסד הרב קוק עמוד נ׳], מפורש בדבריו לפסלו, שדן שם על דברי הראב״ד שפסולי אתרוג ליתא בלולב וערבה והדסים, וכתב על כך הרמב״ן וז״ל:

״מעתה נקב וחסר כל שהוא, ובעל חזזית, ונקלף, לבן, וכושי, ומנומר, ירוק ככרתי, כולן בלולב כשרין הן וכו׳ אלא שיש לי להוציא מן הכלל הזה הכבוש והשלוק, שהדברים מראים **בהדס וערבה שכבשן או שלקן לרפואה או לענין אחר שהן פסולין**, לא הכשירו בהן אלא כמושין אבל מבושלין לא״ עכ״ל. ומשה אמת ותורתו אמת שיש פסול כבוש בהדס וערבה, ומזה שלא הזכיר לולב משמע, שבלולב אין פסול כבוש, וזו סייעתא למש״כ בשו״ת שאילת שלום, הובא בשדי חמד [מערכת הלמד כלל קמ״א אות ט״ו], שפסול כבוש הוא רק בהדס וערבה, שע״י שכבשן נופלין העלין, וגם אם הם עדיין מחוברין, אינם חיבור וכנפלו דמי, משא״כ בלולב, שאין עליו נופלין ע״י הכבישה — כשר.

אמנם במאירי, במגן אבות, עמוד קל״ט, כתב, וז״ל:

״ובפסולי האתרוג שאינם נוהגים בלולב, הזכיר הרב ניקב וחסר כל שהוא וחזזית ונקלף לבן כושי ומנומר, ולא הזכיר בהם כבוש ושלוק, שנראה דעתו **שבכולם** פסול בכבישה ושליקה, ואף הרב המגיה (הרמב״ן) כתבה כן בהדיא״. הרי לנו שהמאירי כולל באיסור כבוש ושלוק גם את הלולב.

ועכ״פ אף לשיטות אלו, שיש פסול כבוש בהדס, ערבה ולולב, זהו רק באופן שכבשן כולן במים, אבל בהניחם באופן שחלק מהם במים וחלק הוא מחוץ למים, הרי מבואר ביו״ד סימן ק״ה, שאין דין כבוש במה שמחוץ למים, וממילא גם בהניח הדסים בכוס מים, **חלק ההדס שמחוץ למים לא נפסל מצד כבוש.**

אלא שיש לעיין באופן שיש לו הדס בשיעור מצומצם, של שלושים ס״מ, וחלק ממנו במים, הרי יוצא שחלקו נפסל מדין כבוש, ואין כאן שיעור שלם של שלושים ס״מ.

אך פשוט שלמש״כ בביאור הלכה [סי׳ תרמ״ח סעיף ט״ו ד״ה נפל], ששיעור הכבוש באתרוג

להחמיר לחוש גם לשיטת הרמ״א שמקורו הוא בר״ן ובריטב״א, שגם בנחלק מעט ממש נחשב לנחלק, יש לו לחוש שלא לקחת לולב הסגור עם קאר״ע, שבודאי הרבה פעמים פתוח מעט, והקארע מחברו ע״י שנכנס מעט בין שני חלקי העלה האמצעי.

אמנם יש להעיר שגם המהדר לחוש לחומרא זו ומסיר הקארע, יש לו עכ״פ להזהר לחוש לחומרת הגאונים, שאם השדרה מסתיימת בשתי תיומות הדבוקות זו בזו ע״י קאר״ע, שלא יפריד העלים זה מזה, וכלשון המאמר מרדכי ״ונמצא חומרו קולו״, שהרי לשיטת הגאונים שנחלק הפסול, הוא בלולב בעל שתי תיומות שנפרדו זה מזה, ובהסרתו את הקארע, הוא עלול להפריד את שתי התיומות ובזה לפסל את הלולב.

ויש להעיר מה שראיתי שהמוכרים עצמם מפרידים הקארע, למרות שאינם מומחים בדבר, ולאו שפיר עבדי. בפרט, שלפעמים כשמסירים מראש הלולב את הקארע, גורמים ללולב שיהיה קטום בראשו, בחשבם שהם יודעים בוודאות להפרידו מבלי לקטום את הלולב בראשו, וזאת מנין להם.ועל כן על המוכרים להודיע לקונה שהפרידו את העלים והסירו את הקאר״ע, ומי שירצה לחוש לחומרת הגאונים בלולב בעל ב׳ תיומות שיהיה ידוע לו שהופרד כבר, ולא שהיה כך מתחילת גידולו. וכן יצטרך הקונה לבדוק את הלולב, כדי לדעת אם נקטם בראשו או לאו.

ולגבי החשש שמא יש מתחת הקארע עלים כפופים, שכתב המ״ב שצריך ליזהר בזה, אם כל העלים כפופים, מ״מ ע״פ רוב כשהעלים כפופים הוא ניכר גם כשיש קארע, שמבצבץ מתוך הקארע, ואז ישגיח שלא לקחתו ללא בדיקה.

ועתה, נשאר לן לברר אם ע״י זה שהקאר״ע מחברו כגוף אחד, אם יוצא בזה מצות נענועים. בבכורי יעקב ס״ק א׳ ס״ל, שאין יוצא בו מצות נענועים, כשיטת הרמ״א שמצות נענוע הוא בכיסכוס העלין, וזוהי הסיבה שצריך טפח חוץ לאגד בכדי לנענע בו. לכן, כשמחוברים ע״י קארע, א״א לקיים המצוה בכסכוס העלים.

ויש שס״ל כשיטת הגאונים שמצות נענועים היא הולכה והבאה, ולא כיסכוס העלים. ולשיטתם יוצאים בזה מצות נענועים גם כשמחובר ע״י קארע. וראה בשדי חמד, מערכת ד׳ מינים, סי׳ ב׳, אות א׳ שהספרדים מהדרין שיהיו עלי הלולב מחוברים היטב ולא יתפרדו כלל.

לכן בלולב שמכוסה לגמרי עם קאר״ע, שמתעורר הספק הנ״ל, ינהג כל אחד כפי מנהגו. אמנם, המחמירים בכיסכוס העלים למצות נענועים, יפרידו צדדי העלים מהקארע כדי לקיים מצות נענועים, וכמו שכתב הבכורי־יעקב, אך לא יפרידו העלים העליונים, בגלל החששות שהוזכרו לעיל.

קליפה האדומה בלולב כט

שפסול זה גם בלולב בעל שתי תיומות שנפרדו אחת מהשניה, וע״ז כתב הב״י שאם הקארע מחבר את שתי התיומות, הוי חיבור והלולב כשר, וא״כ יתכן שהוא־הדין לדידן בלולב בעל תיומת אחת שנחלקה, ורק הקארע מחברה, שהוי חיבור וכשר.

זה אינו, שהרי בודאי שיש לחלק בין סוג החיבור הנצרך לשיטת הגאונים, לבין זה הנצרך לשיטת שאר הראשונים, שלשיטת הגאונים שצריך בלולב שיש בו ב׳ תיומות שיהיו שתיהן מחוברות, בזה לא איכפת לן על ידי מה הוא מחובר, וגם כשמחוברות התיומות זו לזו ע״י קאר״ע נחשב לחיבור, שסוף סוף אינן נפרדות. אבל לדידן דמצרכינן חיבור בעלה האמצעי, היינו משום שסבירא לן שאותו עלה אמצעי, צריך שיהיה כפול מברייתו, אבל אם מצד עצמו הוא אינו כפול, אלא מחובר ע״י הקאר״ע, סוף סוף אינו כפול בטבעו, אלא יש בו דבר נוסף המחברו וזה לא נחשב לחיבור.

נתברר לן, שחיבור ע״י קאר״ע, בעלה האמצעי לא נחשב לחיבור, אם העלה פתוח מצד עצמו. ובלולב עם שתי תיומות שנפרדו, שלשיטת הגאונים פסול, יועיל הקארע המחברם להכשיר.

ומעתה יש לברר, לולב שעליו מכוסים בקאר״ע, האם יש לחוש שמא תחת הקארע העלה נחלק, או נסדק כהימנק, דפסול, אלא שאינו נראה מחמת כיסוי הקאר״ע.

והנה, לגבי חשש ״נסדק כהימנק״ הרי למש״כ במקום אחר ש״סדוק כהימנק״ הפוסל, צריך שיתרחקו ב׳ העלים זה מזה הרבה, וזה לא מצוי כ״כ, א״כ אין לחוש לזה, ובפרט שיש עוד צירופים להקל בהימנק, ולכן המקל לקחת לולב המכוסה בקאר״ע, ואינו חושש לפסול הימנק תחתיו, יש לו על מה לסמוך.

וגם לגבי החשש שמא תחת הקאר״ע העלה נחלק, הרי באופן שנחלק מעט, מעיקר הדין כשר. וכן אין לחוש לחומרת הרמ״א שגם בנחלק מעט פסול, כמו שנראה מדברי הגר״א וכן משמעות המשנה ברורה. לכן לגבי אותו מעט שנחלק יש לסמוך על חיבור הקארע.

ויש להוסיף עוד, שלשיטת הריטב״א שטעם הפסול בנפתח מעט, הוא כיון שאח״כ יתרחב יותר, הרי סברא זו ליתא בלולב המכוסה בקאר״ע משום שהקאר״ע מונעו מלהפתח יותר. אלא שהעירני הגאון ר׳ רפאל רייכמאן שליט״א, שצ״ע אם זה נכון, כי לפי״ז יש היכי תימצי פשוטה שנחלק קצת ופסלינן רק באופן שנתרחק הסדק שיעור כהימנק ולא משמע כן מדברי הפוסקים שטרחו למצוא היכי תימצי כזאת, ודו״ק.

ולגבי החשש שמא פתוח יותר מטפח, והקארע מחברו, המציאות ברוב הלולבים אינה כן ובדרך כלל הם סגורים מטבעם, ואינם סגורים מחמת חיבור הקארע אלא דבוקים מצד עצמם, והקארע נכנס בהם רק במעט, או מונח על גבם, וכלשון המאמר מרדכי שהובא לעיל: ״שהרי מן הסתם אז לא נחלק העלה האמצעי, ואם נחלק לא נחלק כי אם מעט״, אלא שלפעמים ע״י בדיקה, אם אינו נזהר כשמסיר הקארע, מפריד בידיו את גוף העלה. עכ״פ, אין מצוי כלל שתחת הקארע יהיה פתוח יותר מטפח ואין לחוש לכך.

לכן, מי שנוהג לקחת לולב סגור עם קאר״ע יש לו על מה לסמוך, שכשר הוא, רק המהדר הרוצה

סימן י״א

קליפה אדומה בלולב [קאר״ע]

ישנו סוג לולבים מאד מצוי שיש עליהם קליפה אדומה [קאר״ע], ומתחלקים בתכונתם לפי סוגי הזנים. יש אשר הלולב כולו, בזמן גידולו על העץ מכוסה באותו קארע מכל צדדיו, ובשעת תלישתו מן העץ, אם לא נשמר היטב, נופל אותו קאר״ע ונפרדים העלים.

ויש אשר בזמן גידולו רק העלה האמצעי מכוסה במעט קארע, אבל שאר העלים אינם מדובקים בקארע.

ויש שהעלים העליונים מחוברים עם קאר״ע ושאר העלים נפרדים זה מזה.

קודם לברור ההלכה, נזכיר תחילה שמציאות אותה קליפה אדומה על הלולב כבר הוזכרה בסידור הרס״ג דף רל״ה, שמיירי שם לענין לולב העקום, וז״ל: ״יהא ישר, לא מעוקם כלל, אלא אם נתעקם לצד פניו והוא צד הנסדק שצבעו אדום״.

וכן הוזכר בבית יוסף סי׳ תרמ״ה, ״אבל אצלנו נמצא הרבה פעמים כמין דבר אדום בלולב מצד פניו שהוא מחבר שני הוצים אלו״.

הספקות בלולב שיש בו קארע

בלולב שיש בו קאר״ע מתעוררים כמה ספקות. א. אם נשאר עליו הקארע ומחבר את כל הלולב כמקשה אחת, האם אפשר לצאת בו מצות נענועים, שהרי אין העלים מתנענעים, מחמת חיבור הקארע. ב. האם חיבור הקארע בעלה האמצעי נחשב לחיבור, באופן שאף אם העלה פתוח מצד עצמו, מ״מ הקארע שבין שני חלקי העלה הכפול מחשיבו למחובר. ג. האם יש לחוש שמא מתחת לקארע — הלולב פסול משום שעשוי כהימנק או שנחלק בשיעור הפוסל.

נברר להלן את הספקות הללו. חיבור ע״י קאר״ע לא נחשב לחיבור, כך משמע מדברי המאמר מרדכי סי׳ תרמ״ה ס״ק ד׳ וז״ל שם בסוף דבריו: ״ולכן הרוצה לבדוק עלה העליון יזהר שלא להפריד העלין זה מזה, אלא יכול לבדוק אותו בראיה בעלמא, וכל שרואה שם דיבוק ע״י דבר אדום וכיוצא, לא יגע בו כדי שלא להפריד העלין הדבוקים, שהרי מן הסתם אז לא נחלק העלה האמצעי, ואם נחלק לא נחלק כי אם מעט כנ״ל״ עכ״ל.

משמע מדבריו שאילו היה נפתח בשיעור יותר מ״מעט״, היה פוסל, ולא היה מועיל מה שהקאר״ע מחברו, משום שאין הקאר״ע נחשב ״למחבר״.

ולכאורה, יש להוכיח מהבית־יוסף שהביא את שיטת הגאונים שמסבירים שנחלקה התיומת

יכולים להקל בנסדק בשאר ימים. והוסיף עוד, דהא דהחמיר הר״ן באתרוג שנסדק כ״ש בחוטמו, זה ג״כ לשיטתו דס״ל דחסר פסול מטעם הדר, ולכן ע״כ גם נסדק פסול מטעם הדר, ולא כמו שתפסו האחרונים דהוא משום דבחוטמו הוי משום הדר אע״פ שבשאר האתרוג הוי משום לקיחה תמה.

חיבור ע״י דבק בהימנק

באופן שנפסל, לא מהני חיבורו ע״י דבק שיאחה וידביק ההימנק, וכן מבואר במהרש״ם בדעת תורה. ומה שהגאון ר׳ ישראל יעקב פישר שליט״א בהסכמתו לספר ארבעת המינים הכשירו, גם באופן שנחלק, לא ראה דברי המהרש״ם. ומלבד זה יש להעיר, הרי מוכח מהגמ׳ ב״ק דף צו, א, שגזל לולב וחלקו וכיו״ב, שקנה מדין שינוי. ועיי״ש ברש״י שכמו שפוסל לגבי מצוה כך נחשב לשנוי וקונה, וכ״ה בטור חושן משפט סי׳ ש״ס, ואם נאמר שמועיל דיבוק הרי הוי שינוי החוזר לברייתו ולמה קנאו הגזלן, אלא ודאי שאם נחלק ונפסל לא מועיל דיבוק להכשירו.

עוד שמעתי כי רצה הקב״ה לזכות את ישראל ואינו רוצה שידח וכו׳ ובהיות שיש בעניני האנשים ג׳ מינים, יש שיש בהם טעם וריח הם החסידים ואנשי מעשה, ויש שאין בהם לא טעם ולא ריח, והם קלי עם הארץ, ויש שיש בהם טעם ולא ריח, והם העוסקים בתורה ואין בהם מעשים טובים להריח בהם, ויש שיש בהם מעשים טובים ולא תורה.

ולוקחים ד׳ מינים אלו ומחברם יחד, לרמוז שהכל צריך לעולם, האתרוג יש בו טעם וריח, הערבה אין בה לא טעם ולא ריח, ההדס יש בו ריח ולא טעם, והלולב יש בו טעם ולא ריח, וצוה לחבר אותם, כי בהתחברם לא ימצא בהם שום דופי, כמו שמביאים עם הקטורת את החלבנה, כי אע״פ שלעצמה ריח רע, מ״מ בהתחברם ריחה הרע מסתלקת, ואדרבה מוסיפה ריח טוב, כי אין האור ניכר אלא מתוך החושך, וכן צוו חז״ל כל תפלה שאין בה מפושעי ישראל אינה תפילה.

סדר היום

והנה, אע״פ שמדברי הלבושי שרד מפורש להחמיר בעשוי כהימנק גם במשהו ממש, מ״מ נראה שאין כוונתו אלא בנעשה לארכו, בזה החמיר אף בכל שהוא, אבל ברוחבו צריך מרחק גדול בין שני ראשי העלים כדי שיפסל.

ועל כן, גם לדעת המשנה ברורה שהחמיר במשהו, מיירי ג״כ באופן שנעשה כהימנק ונפתח הרבה לרוחב אלא שס״ל שבשיעור ארכו פסול אפי׳ במשהו, אבל אין הוכחה מדברי המשנה ברורה שס״ל שבנסדק מעט והמרחק בין ראש עלה אחד לשני הוא קטן, שיפסל.

רק דעת החיי אדם אינה כן, שמפורש בלשונו בכלל קמ״ט סעיף י׳, שכתב ״אבל אם נתרחב הסדק עד שנראה הסדק, וזהו שנקרא בגמ׳ שנסדק״. ומבואר, שכל שנראה בו סדק נחשב לשיטתו כהימנק הפוסל.

ויוצא מכל הנ״ל ב׳ דברים

א. ״הימנק״ נחשב רק אם נתרחקו העלים זה מזה במרחק גדול — ברוחב.
ב. נתרחקו הרבה ברוחב, אע״פ שבאורך הוא בשיעור מועט, יש לו דין הימנק.

ואע״פ שעם כל הנ״ל אין לנו עדיין הגדרה ברורה בזה, מ״מ אפשר לצרף עוד שיטות שס״ל שאין פסול ״הימנק״ בעלה האמצעי, אלא בשדרה, וכשיטת הראב״ד, ורש״י, רמב״ן ורבנו ירוחם, וכן הוא שיטת המגן אברהם ס״ק ז׳ כפי שהסבירו הפמ״ג במשבצות, וכן כתב להלכה בשו״ע הרב סעיף י״ב. כמו״כ יש לצרף את שיטת המחבר שפסולו הוא רק ברוב עלין ולא בעלה האמצעי.

טעם פסול נסדק כהימנק

במגן אברהם תרמ״ה סק״ו הביא בשם רבנו ירוחם, שפסולו משום שחסר בלקיחה תמה, וכ״כ בשו״ע הרב סעיף י״ב ומ״ב ס״ק י״ז. אמנם, בדרוש וחדוש להגרע״א ח״א עמוד פח, ב, הוכיח שלשיטת התוס׳ פסולו מטעם הדר, עפ״ד התוס׳ שנקטם — פסולו מטעם הדר, ומכיון שמפורש בגמ׳ שנחלקה התיומת נעשה כמי שניטלה, מוכח שפסול נחלקה הוא כמו ניטלה והיינו משום הדר.

כמו״כ יש לעיין לפי השיטות שפוסלין בהימנק אף במשהו עפ״ד הר״ן שעשו ראשו של לולב כחוטמו של אתרוג, הרי כלל זה הוא רק משום פסול הדר, וכמוש״כ בביאור הגר״א סוף סי׳ תרמ״ה, א״כ להמחמירין לפסול הדר גם בשאר ימים, הרי ש״הימנק״ יהיה פסול גם בשאר ימים.

והגאון ר׳ רפאל רייכמאן שליט״א העירני שאין ללמוד מדברי הר״ן להחמיר בנסדק בשאר ימים, די״ל דהר״ן אזיל בזה לשיטתו דס״ל דגם פסול חסר גופא הוי מטעם הדר, וא״כ י״ל דלכו״ע אין נסדק יותר חמור מחסר דכשר בשאר ימים. אמנם מה דיש לדון קצת הוא לדעת התוס׳, דהוכיח הגרע״א דפליגי על הרבינו ירוחם וס״ל דנחלקה התיומת פסול מטעם הדר, אולי ס״ל דאין פסול לקיחה תמה בלולב כלל, וא״כ נסדק נמי הוי מטעם הדר לשיטתם ופסול כל ז׳, ברם סוף וסוף למעשה גם בנחלקה התיומת הקיל בחיים וברכה בשם המהרש״ם בשאר ימים, וא״כ, איך שיהי׳,

להתחבר, מבואר גם בדעת תורה להמהרש״ם. והוסיף שם, ״אבל אם רק נחלק לבד, אף שהסדק נראה לעין הרואה מפני החלל שבין הסדקים, אם אין מרוחקין הרבה זה מזה כמו המרזב, כשר, שהרי נראה לעין כל רואה שהם אחד״. והוסיף עוד שם, שאם לא נאמר כן ״יפסלו רוב הלולבים״, והמשיך שם שאם ״כשמניח הלולב על איזה מקום, או כשמנענעים, נוגעים הסדקים זה בזה״, אינו פוסל.

ולכאורה יש לדייק כן גם מלשון הר״ן בד״ה א״ר הונא: ״אבל נסדק ראש העלין והשדרה ויכול לאגדו, כהאי גוונא נסדק מיקרי וכשר״. ומפורש הדבר בתמים דעים להראב״ד סי׳ רל״ב, ״שכבר נפתח הסדק בענין שאינו יכול להתחבר והוא דומה לשני בדים פסול״. [ואע״פ שהראב״ד מיירי גבי שדרה, מ״מ יתכן שהוא הדין בעלים].

שיעור ארכו

עד כאן ביארנו את המרחק הפוסל ברוחב הסדק, אך עדיין יש לברר מהו שיעור ״הימנק״ לאורך. הביאור הלכה בסעיף ח׳ כתב שגם אם נתרחקו הסדקים ״במשהו״ עד שנראו כשנים, פסול. וביאר כן כוונת הר״ן הפוסל בסדוק שזהו ״סדוק כהימנק״, והביא את לשון הריטב״א, וז״ל: ״וכן כל הפסולין, יבש וסדוק כהימנק וכיו״ב, שעשו אותו כחוטמו של אתרוג, שכל הפסולין פוסלין בו במשהו״.

ובחיפוש אחר חיפוש לא מצאתי לשון זה של הריטב״א. והעירני הגאון ר׳ רפאל רייכמאן שליט״א, שזהו לשון ביאור הגר״א בסוף סי׳ תרמ״ה ולא לשון הריטב״א [בביאור הגר״א בשם הרשב״א — הכוונה לריטב״א הנדפס בספר הרשב״א], והגר״א ביאר כן בכוונת הריטב״א ואינו לשון הריטב״א.

ולשיטת הט״ז בס״ק ז׳, המפרש שדברי הר״ן שבחוטמו של אתרוג פסול במשהו קאי על נקטם, ולא על כפוף וסדוק, אין ראי׳ מדברי הר״ן, ורק לשיטת החיי אדם והבכורי יעקב שחולקים על הט״ז וסוברים שדברי הר״ן קאי גם על כפוף וסדוק, יש ראי׳ מהר״ן לפסול בסדוק בכל שהוא [באופן שעשוי כהימנק].

ואפשר שאף שלא חיישינן לשיטה זו שהובאה בר״ן שנחלק פוסל במיעוטו, אלא מכח חומרא, וכמוש״כ הר״ן והריטב״א בעצמם, מ״מ גבי נחלק כהימנק, בזה אינו פסול מכח חומרא, אלא מעיקר הדין, דאל״כ נמצא סתירה בדברי הר״ן, שבמשנה פוסל סדוק במשהו כדין חוטמו של אתרוג, ואילו לקמן גבי נחלק הביא רק ״להחמיר הנחלק במיעוטו״, ובהכרח כחילוק המשנה ברורה שמש״כ הר״ן במשנה, הכוונה ״סדוק כהימנק״, ומש״כ בגמ׳ שם בשם יש מפרשין, ומסיק שזהו רק חומרא, מיירי ״בנחלק״ ולא בנעשה כהימנק.

וגם בדברי הגר״א מוכרחים לומר כן, שהרי בדין נחלק ס״ל לא לחוש לשיטה זו להחמיר במיעוטו, ואילו לגבי כפוף וסדוק, החמיר בסוף סימן תרמ״ה בשיעור כל שהוא, ובהכרח כהחילוק של המשנה ברורה.

סימן י׳

תיומת שראשה נראה כשני ראשים (כהימנק)

להלכה, באופן שיש מרחק רב בין שני הראשים, זהו כהימנק הפסול, המובא בשו״ע תרמ״ה סעיף ז׳. וכשיש מרחק קטן אין זה הימנק. ולשיטת שו״ע הרב כשר בכל אופן. ונבאר פרטי הדברים.

מהו כהימנק

בסוכה ל״ב מבואר, שאע״פ שנסדק כשר, מ״מ ״בעביד כהימנק פסול״. ומהו הימנק, ברש״י מבואר שהוא כלי של סופרים, בערוך מבואר שהוא מזלג בעל ב׳ ראשים, וברבנו חננאל ב״מ דף כ״ה, ב, ״פירוש הימנק כלי שיש בו שני ראשים, כגון המזלג שיש לו ג׳ שינים, ודרך בני יון להחזיק חתיכת בשר ולחתוך עם הסכין ולאכול״. בפמ״ג הובא שהוא ״צירקיי״ל״ [והיינו מחוגה]. בציור הראשונים, ברי״ף, ברא״ש וברבנו חננאל הובאה צורה כעין מזלג.

ולפי״ז כתב המהרש״ם בדעת תורה, שכל שאין בו מרחק ככלי הנ״ל כשר. וכן משמע בחזו״א קמ״ה ס״ק ח׳, ומפורש הדבר ברא״ה סוכה לא, ב, ״דעביד כי הימנק, פירוש, שפתוח הרבה״.

שיעור המרחק בין העלים בהימנק

ועכ״פ עדיין לא ברור מהו שיעור המרחק בין הראשים הפוסל. דודי הגאון רבי שלמה זלמן אויערבאך שליט״א רצה לומר, שאם נחלק באופן זה שנתעקמו העלים, וחלק פונים לכאן וחלק פונים לכאן, והם במצב שאינם יכולים להתחבר כבר, זהו שיעור ההימנק.

וכדבריו מבואר גם בחזו״א, ״שנתעקמו כל ההוצין, חציין לכאן וחציין לכאן וכו׳, אבל נסדק ומתרחק אחת מחברתה אין בכך כלום״.

וכן יש לפרש לכאורה דברי העיטור שכתב בהלכות לולב, ״ודוקא נסדק ואין הסדק פונה לכאן ולכאן ודבוק זה לזה, אבל פונה לכאן ולכאן כהימנק והוא הנקרא ״פיטר״ שבו משערים רוב השירטוט פסול״. והובא גם בשבלי הלקט סי׳ שנ״א [אלא שהעירני הגאון ר׳ רפאל רייכמאן שליט״א מלשון ״דבוק זה לזה״ שצ״ב בלשונו, שלכאורה משמע שאם הסדק נפתח קצת ואינם דבוקים זה לזה הוי בכלל כהימנק, וצ״ע].

אינו יכול להתחבר

כדברי דודי הגאון ר׳ שלמה זלמן אויערבאך שליט״א, שהימנק הוא במצב שאין העלים יכולים

והובא בשעה״צ ס״ק נ״ו, שכמו לענין טריפות, שינוי מראה שנעשה על אבבוע של ריאה אינו פוסל, מפני שכך דרכו של אבבוע לגרום שינוי מראה, הוא הדין באתרוג אין לפוסלו מצד שינוי מראה אלא מדין חזזית.

וכמו״כ מבואר ברא״ש סימן ט״ו, שאין חזזית פוסלת אא״כ מקומו מורגש במשמוש שהוא גבוה משאר אתרוג, וכ״כ במהרי״ל הלכות לולב עמוד נ״ו.

חזזית הנראית רק ע״י עיון

יש לציין שאין חזזית פוסלת אא״כ נראית לעין בהשקפה ראשונה, אבל אם צריך עיון גדול ובדיקה רבה כדי לראותה אינה פוסלת, וכמוש״כ הרדב״ז בתשובה ח״ד סי׳ קי״א. וכבר הארכנו בענין זה במקום אחר.

שיעור חזזית הפוסלת

חזזית הפוסלת, הוא גם כשיש לה אבעבועה אחת בלבד, וכמוש״כ בכנסת הגדולה או״ח, כפות תמרים ועוד. וכן מסיק המ״ב בס״ק מט, דלא כהמבי״ט שדייק מלשון רש״י, ״אבעבועות״, שצריך לא פחות משתים. ומ״מ בשאר ימים, מסיק המ״ב בשעה״צ ס״ק נ״ד, לסמוך על המבי״ט להכשיר באבעבועה אחת.

חזזית בשאר ימים

חזזית הפוסלת — פוסלת כל שבעה [רמ״א תרמ״ט סעיף ה׳], ועכ״פ זהו להשיטות שפסולי הדר פסולין כל ז׳. אמנם לדעת הרמב״ם והמחבר, כשר בשאר ימים. [ולענין ברכה — למש״כ המ״ב בס״ק ל״ו לענין ניטל פטמתו ״דיש מפקפקין לענין ברכה״, הרי ה״ה לענין חזזית — הערת הגאון ר׳ רפאל רייכמאן שליט״א].

הסיר את החזזית

חזזית שהוסרה מהאתרוג ולא נחסר מגוף האתרוג, כשר [סעיף י״ד וברמ״א שם]. ואף לכתחילה כשר [מ״ב ס״ק נ״ב]. אמנם זה דוקא כשלא ניכר המקום שהיתה בו, וכמוש״כ המ״ב בסימן תרמ״ט ס״ק ל״ח בשם המאמר מרדכי, [וזוהי גם כוונת המ״ב בס״ק נ״ג המציין למאמר מרדכי הנ״ל], אבל כשניכר המקום שהיתה בו אינו כשר אלא בשאר ימים, בשעת הדחק, כמוש״כ שם המשנה ברורה.

סימן ט׳

חזזית

צורת החזזית

חזזית היא אבעבועה דקה ע״ג עור האתרוג, כמוש״כ רש״י סוכה ל״ד, ב, ונראית כמו פצע מוגלתי (ראה תמונות 69־67), וכמוש״כ באגודה סוכה סי׳ כ״ג שנראה כמו שחין. במהותה היא מכה וחולי כמוש״כ בר״י מלוניל סוכה לה, ב, וארחות חיים להרא״ה מלוניל אות ט״ז.

סוגי החזזית

בדרך כלל החזזית נוצרת מהאתרוג עצמו, כמוש״כ בשו״ת המבי״ט ח״ג סי׳ מ״ט. אך לפעמים נגרמת ע״י סיבה חיצונית, כשעלה מונח על האתרוג וגורם לו שאין השמש מגיעה אליו, ועי״ז נעשה בו חולי. [ולפי״ז לא קשה על המבי״ט מדברי האגודה, ראה שערי תשובה סי׳ תרמ״ח].

סוג החזזית הנ״ל נוצרת רק בעודה מחוברת על העץ, ולא כשהיא תלושה, וכמו שחין שנוצר רק באדם שיש לו חיות ולא אח״כ. ומפורש הדבר בריא״ז בדף יז, ב, מדפי הרי״ף, ופסקי הרי״ד סוכה ל״ה, ב, שקיימת רק במחובר לקרקע ולא בתלוש, והובא במגן אברהם תחילת תרמ״ח בשם שלטי הגבורים.

והנה בביאור הלכה סעיף י״ג ס״ל שחזזית נעשית גם בתלוש, ומקורו מהפמ״ג עפ״ד התוס׳ יו״ט, ולכאורה הוא לא כדברי הראשונים הנ״ל. וצריך לומר שהם לא מדברים בסוג חזזית שהיא כמין ״אבעבוע״, אלא סוג אחר של חזזית הנוצרת מעיפוש הפרי, וכמוש״כ בתוס׳ יו״ט שם.

וא״כ ישנם ב׳ סוגי חזזית, א. חזזית כמין אבעבוע הנוצרת רק במחובר. ב. חזזית הנוצרת מעיפוש הפרי גם כשהוא תלוש.

והדבר מוכרח גם מהרמ״א תרמ״ח, שדן גבי ״בלאט מו״ל״, שאם הוא גבוה מן האתרוג ג״כ נקרא חזזית, אע״פ שלמעשה אין לו צורת אבעבוע הנ״ל, ובהכרח שלא רק צורה הנ״ל של אבעבוע דינה כחזזית.

מראה החזזית

בענין המראה החיצוני של החזזית, כתב הרא״ש בפ״ג מסוכה סימן י״ז, ״שאינה ממראה אתרוג״. ועי׳ בפירוש ריבב״ן סוכה ל״ה, ב׳, שהוא כמין אבעבועות לבנים. וא״כ, לכאורה, יפסל מצד שינוי מראה לכשעצמו, גם בלא פסול חזזית, וכבר תירץ הפמ״ג בא״א תרמ״ח ס״ק י״ט,

בתשובות ופסקים להראב״ד, [הוצאת מוסד הרב קוק עמוד נ׳, והובאו דבריו להלן עמוד ר״ב לענין פסול כבוש בארבעת המינים], שכלל ״ירוק ככרתי״ בדין שינוי מראה לגבי לולב, ומבואר שפסולו מדין הדר, שכן מדין גמר פרי אין הוה-אמינא לפסלו בלולב, שהרי אין שם הלכה של גמר פרי. וכך מפורש גם במאירי סוכה ל״ד, ב, במחזור ויטרי סי׳ ש״ע ובקרית ספר פ״ח מלולב. וכן משמע מדעת הרמב״ם שמכשירו בשאר ימים, ואם פסולו מצד חסרון בגמר פרי הרי גם בשאר ימים פסול.

והעירני הגאון ר׳ רפאל רייכמאן שליט״א דאכן מדברי הרמב״ם משמע דירוק ככרתי פסול מטעם הדר (ולא מטעם גמר פירא, ודלא כד׳ הב״ח דפסיל לי׳ מתרי טעמי, אלא כד׳ המשכנות יעקב דפסיל לי׳ רק מטעם הדר, וכ״נ מלשון המאירי), אבל אין לנו ראי׳ מדבריו דהפסול הדר הוא משום דנחשב לשינוי מראה, די״ל דסובר דהחסרון הדר באתרוג הירוק ככרתי הוא זה גופא מה דלא הוי גמר פירא, (ויהי׳ מדוייק סידור לשון הרמב״ם דלא כתב ירוק ככרתי מיד אחרי שחור ולבן), וא״כ יש מקום לומר דהרמב״ם יודה דכשר היכא דהתחיל להצהיב. עכת״ד.

אבל יש מהראשונים שפסלי משום שחסר בגמר פרי, וכפשטות משמעות הגמרא, והם התוס׳ בסוכה, ל״א, ב, והובא בר״י מלוניל ל״ד, ב, ורבנו ירוחם וסמ״ק מצוה קצ״ג.

והעירני הגאון ר׳ רפאל רייכמאן שליט״א שמלשון העץ חיים (אחד הראשונים) סוכה שם, ששינה מלשון התוס׳ בסוכה, שתוס׳ סיימו בלשונם (שכשרים) כשחוזרין למראה שאר אתרוגים לאחר ששהו בכלי זמן מרובה דודאי ״גמר פריים״ ומלשון זה פליגי האחרונים אם כוונתו שאינו כשר אלא לאחר שהצהיב או גם קודם לכן, אמנם בעץ חיים שם סיים ״דודאי גָמרו בתלוש״ ומלשון זה ודאי משמע שרק לאחר זמן שחזר למראה אתרוג כשר ולא לפני כן.

וכבר הוזכרה מחלוקת זו, בדברי הירושלמי פ״ג מסוכה הלכה ו׳. יש מפרשים את הירושלמי שמסקנתו כשיטת המגן אברהם, ראה מתא דירושלים וחי׳ ר׳ מאיר שמחה, סוכה, שם. ויש מפרשים את הירושלמי כמסקנת הב״ח, ראה שו״ת משכנות יעקב או״ח קנ״ו.

להלכה, מצינו מגדולי הפוסקים שהחמירו כהב״ח, והם שיירי כנה״ג תרמ״ח ס״ק י׳, עולת שבת, מטה יהודה, בית מאיר, משכנות יעקב [ומה שנדפס בחוט המשולש לזקני הגר״ח מואלאזין זצוקו״ל בסי׳ כ״ג — כידוע אותה תשובה אינה להגר״ח אלא לתלמידו בעל המשכנות יעקב]. וכן מסיק הבכורי יעקב ס״ק מ״ט, שבעל נפש יחוש לעצמו כדעת הב״ח.

ויש מקילים כשיטת המג״א, והם הבאר היטב, הלבוש, אליהו רבא, פמ״ג, שו״ע הרב, חמד משה, חיי אדם וחזו״א סי׳ קמ״ח.

מראה ירוק בחוטמו

מראה ירוק כעשב השדה בחוטמו, תלוי במש״כ לעיל, שלהמג״א כשר ולהב״ח פסול. ועי׳ בפמ״ג תרמ״ח קצת דיני אתרוג, שסיים על זה — ״ואם יש אחר, טוב״. ומצוי הדבר באתרוגים שמצהיבים אותם, שעל חוטמם נשאר מראה בגוון ירוק חזק.

סימן ח׳

מראה ירוק

ירוק חזק כעשבי השדה אין מברכין עליו [מג״א ס״ק כ״ג ומ״ב ס״ק ס״ה]. **והטעם משום שאפשר שלא יצהיב, וגם אפשר שלא נגמר פריו** [שו״ע הרב ס״ק ל׳].

ומה שרצו לסמוך על היעב״ץ שכתב בסדורו ״בית יעקב״, דיני ד׳ מינים אות כ״א, עפ״ד התקוני הזהר, שאם היא ירוקה הרי היא משובחת, והוסיף שם שהכונה למראה ירוק כעשב השדה וכו׳ ומשובח הוא לדעת התקונים, כבר העיר בעצמו בספרו ״מור וקציעה״ סי׳ תרמ״ח שאין לסמוך על זה.

ואמנם, זהו לשון תקוני הזהר תקון עשרים ואחד דף נ״ו, ב׳: ״ואם היא ירוקה משובח יתיר כגוונא דהות אסתר ירקרקת״, אולם כבר ביאר הגר״א בדף סד, א, שם, וז״ל: ״ירוקה ר״ל כזהב וכו׳, וזהו שאמרו במתניתא, והירוק ככרתי לאפוקי סתם ירוק שהוא כזהב וכו׳, וזה שאמרו אסתר ירקרקת וכו׳ שהוא כזהב, דככרתי לית באדם״. מפורש שכוונת הזהר היא ״ירוק שהוא כזהב״ ולא למראה ירוק ככרתי, וזהו שאמרו שאסתר ירקרקת, ואי אפשר לומר שהיה לה צבע ירוק ככרתי שהרי צבע זה איננו נמצא באדם, אלא כזהב — דהיינו צהוב.

ולמעשה מפורש כדברי הגר״א בזהר סוף שמות רע״ז, א, שאמרו שם ״ושמא דיליה איקרי זהב ירקרק ורזא דא אוקמוה חברייא אסתר ירקרקת היתה גוון אתרוג״.

כשהתחיל להצהיב

כשהתחיל להצהיב, להלכה כשר [משנה ברורה ס״ק ס״ה], אבל יש מהדרין לא לקחת אא״כ הוא צהוב לגמרי, וכמו שכתב בבכורי יעקב ס״ק מ״ט ״שבעל נפש יחוש לעצמו״.

ופליגי בזה המגן אברהם והב״ח. המגן אברהם הכשירו והב״ח פסלו, ופליגי אם ירוק ככרתי פסולו מצד חסרון בגמר פרי, ולכן בהתחיל להצהיב כשר, שכבר נגמר פריו, או שפסולו מצד ״הדר״ ולכן אף שהתחיל להצהיב פסול, כי חלק מהמראה ירוק ואינו הדר.

וכבר פליגי בזה הראשונים. הר״ן והריטב״א, סוכה, לה, ב, הביאו בשם הראב״ד ״דמנומר פסול בגוונין הפוסלים באתרוג כגון לבן וכושי וירוק ככרתי״. מפורש, שפסול ירוק ככרתי הוא מדין הדר. [אגב לפנינו בתמים דעים להראב״ד סימן ר״ל, לא הוזכר ״וירוק ככרתי״, וכן הרא״ש, והמגן אבות להמאירי, לא הזכירו ״ירוק ככרתי״ כאשר הביאו את לשון הראב״ד].

וכן משמע ברמב״ן חולין דף מ״א, שפסולו מצד המראה, דהיינו דין הדר. וכן משמע מהרמב״ן

הגדרת "נראה" בפסולי האתרוג יט

ולפי"ז צריך לומר, שאע"פ שמבואר בספר אלף המגן בסי' תרמ"ח, וז"ל: "אולם על חוטמו צריך שיהיה נקי מאד אפילו מכתם קטן כחודו של מחט", וכ"כ בתפארת ישראל פ"ג מסוכה משנה ה' — היינו כחודו של מחט הנראה בהשקפה ראשונה.

אך עדיין יש לברר, הואיל והאפשרות לראות תלויה, בודאי, במרחק שבו נמצא האתרוג או הלולב מהעין, א"כ מהו המרחק של העין מהאתרוג או הלולב, שהוא הקובע בפסולי מראה.

ומפורש בשו"ת המבי"ט שם [ח"ג סימן מ"ט], וז"ל: "כי מראיית עיניו עד ידו אינו נראה אלא כשמסתכל בו הרבה", ומבואר שהמרחק הקובע הוא מהעין הרואה עד האתרוג המוחזק בידו.

וכ"כ בשו"ע הרב שם — "והוא שיהיה נראה לעין כשאוחזו בידו". וכן הובא במגן אברהם תרמ"ח ס"ק ט"ז — "כשאוחזו בידו".

וכן צריך לפרש בדברי המ"ב, בשער הציון, תרמ"ח ס"ק מ"ט "כשצריך עיון והסתכלות, ומרחוק אינו נראה אף בחוטמו אינו פוסל" — וצריך לפרש ש"מרחוק" הכונה היא למרחק שמעינו עד ידיו.

ועי' בחזו"א שהביא דברי המבי"ט וסיים שם שכוונתו "שגם בקרוב צריך הסתכלות". וצ"ע שהרי מפורש במבי"ט שמיירי באוחזו במרחק ידו. [בדברי החזו"א יתכן אולי לפרש את דברי הרדב"ז שכתב שמראה הנראה רק "על ידי עיון גדול ובדיקה רבה אינו פוסל", ויש לפרש כונתו שאם גם מקרוב צריך עיון בזה כשר, וצ"ע].

מסקנת הדברים, שכל שמחזיקו בידיו ורואה את החסרון ממרחק עיניו עד ידיו, חסרון זה נקרא "אינו הדר", וכל שלא רואהו במרחק זה בהשקפה ראשונה הרי הוא בגדר הדר.

ועפי"ז נפקא־מינה למעשה באותן נקודות שחורות קטנות הנמצאות באתרוגים, שכל שרואה אותן ממרחק שמידו עד עיניו כאדם האוחז אתרוג בידו פסול ואם לאו כשר.

ובמיוחד כאשר בהשקפה ראשונה אינו רואהו ואח"כ בהסתכלות עיונית רואהו, וכשבא אל הרב צריך לחפשו עד שמוצאו בזה בודאי כשר ואינו בכלל אינו הדר.

וכ"כ שם בתשובה קכ"ד, שאם רואה אותם הבריות הקטנות של המילביין ע"י זכוכית מגדיל שנאסר לאכלו.

אמנם בשו"ת טוב טעם ודעת להגאון ר' שלמה קלוגר, מהדו"ת בהשמטותיו, סימן נ"ג, כתב מפורש לא להסתמך על בדיקת זכוכית מגדלת, לא לקולא ולא לחומרא. והביא ראיה שהרי לדברי החוקרים בכל מים יש חיידקים בלתי נראים, האם יאסרו המים משום כך, וכמו"כ בכל סכין שחיטה, ע"י זכוכית מגדלת נראות פגימות, האם נפסול אותה בשל כך.

למעשה כבר הכריעו הפוסקים **שאין הסתכלות בזכוכית מגדלת משנה ההלכה,** וכל שלעין נראה חסרון, אע"פ שע"י זכוכית מגדלת לא נראה החסרון, הרי הוא פסול, ראה שו"ת דובב מישרים סי' א' לענין אות שלא נראה מוקפת גויל אלא ע"י זכוכית מגדלת, שפסול. ועי' בשו"ת שארית ישראל להגר"ז מינצברג.

וכמו"כ כל שבעיני האדם לא נראה חסרון, אך עי' זכוכית מגדלת נראה חסרון, כשר.

אלא שלפעמים כשיש ספק לאדם, וע"י זכוכית מגדלת רק מברר את המציאות, בזה אפשר להסתמך על זכוכית מגדלת.

בפסולי הדר

בפסולי הדר מצינו ג"כ פסול של "משהו", וכמו שאמרו בסוכה לה, ב, שעל חוטמו פוסלת חזזית במשהו.

ובזה הגדרת הראיה היא ג"כ מה שנראה לעיניים, וכמוש"כ בשו"ת הרדב"ז ח"ד סימן קי"א עפ"ד רש"י סוכה לה, ב, שפסול בחוטמו במשהו, מפני ששם נראה לעיניים יותר משאר מקומות, ומסיים שם שאם נראה רק "על ידי עיון גדול ובדיקה רבה אינה פוסלת".

וכ"כ בשו"ת המבי"ט ח"ג סימן מ"ט והובאו חלק מהדברים במגן אברהם תרמ"ח ס"ק ט"ז, וז"ל: "אינו נקרא כל שהוא אלא שנראה לכל אדם, וכו' ואם אינם נראים לעין מחמת דקותם וצריך להסתכל בהם הרבה כדי שיהיה נרגש בראייה, שאדם אחד רואה האתרוג כולו הדר... ואדם אחר שיש לו ראייה זכה יותר רואהו, אינו נקרא זה כל שהוא".

ומפורש בדבריו **שכל שצריכים להסתכל בהם הרבה, ואינו נראה בלא זה אינו נקרא חסרון "משהו" לפסלו מצד הדר.**

וכן מפורש בשו"ע הרב תרמ"ח סעיף כ"ב, "ולא שיהא צריך להשים עין עיונו עליהם עד שיראם, וכן כל שינוי מראה אינו פוסל אא"כ נראה לרוב בני אדם בהשקפה ראשונה".

יוצא מזה הגדרה ברורה – **שכל שאינו נראה בהשקפה ראשונה הרי הוא בגדר "הדר" וכל חסרון הנראה בהשקפה ראשונה "אינו בגדר הדר".**

סימן ז'

הגדרת "נראה" בפסולי כל שהוא של "חסר" ושל "הדר"

המושג של "נראה" יש בו ב' אופנים

א. נראה בהסתכלות שטחית – וכלשון שו"ע הרב תרמ"ח, כ"ב, "נראה לרוב בני אדם בהשקפה ראשונה".

ב. נראה בהסתכלות עיונית – כלשון הגרע"א בכתבים עמוד פ"ח "שימת עין" וכלשון הפמ"ג תרמ"ה במשבצות ס"ק ו' "כשמעיין ביה".

להלכה, יש לחלק בין פסולי "חסר" שהוא מצד לקיחה תמה שנפסל גם כשנראה רק בהסתכלות עיונית, לבין פסולי "הדר" שנפסל רק מראה הנראה גם בהסתכלות שטחית.

בפסולי חסר

הסברא לחלק בין פסולי חסר לפסולי הדר היא, שלענין "הדר" תלוי בראיית בני אדם אם הוא הדר או לא ולכן בזה נקבע הדבר בהסתכלות שטחית, משא"כ בפסולי חסר, שאז אנו צריכים לבדוק את המציאות אם הוא שלם או חסר, בזה יש לבדוק היטב בהסתכלות עיונית אם אכן הוא שלם.

וכך מפורש בהגרע"א בכתבים עמוד פ"ח: "אבל בנחלקה התיומת דמטעם חסר הוא, י"ל כל שנחלקה ממש ונראה בשימת עין בדיוק פסול דלא מיקרי תמה".

וכן מפורש בפמ"ג תרמ"ה במשבצות סק"ו לענין נקטם העלה בתיומת: "ויש להזהר טובא בעלה האמצעי לעיין ביה אם לא נקטם העלה כל שהוא, ויכול להכיר זה כשמעיין ביה", ומש"כ הפמ"ג בתרמ"ח בא"א סקי"ח לענין חסר, "שאם לא נראה בהדיא כשר", ומבואר שאם אינו נראה בהסתכלות שטחית סגי להכשיר, כבר יישב דבר זה בשו"ת עמק תשובה סימן צ"ח. וכמו"כ מש"כ המגן אברהם בסימן תרמ"ח סק"ט "שאין זה חסרון הניכר, וכשר", כבר יישב הדברים בדו"ח להגרע"א בכתבים עמוד פ"ח.

והיוצא מזה, שלענין פסולי חסר צריך לבדוק שלא יראה חסר גם בהסתכלות עיונית.

אמנם, עדיין יש לברר מהי הסתכלות עיונית, שהרי יש שני אופנים בזה, ישנה הסתכלות עיונית ע"י ראיית העין באופן טבעי, וישנה הסתכלות ע"י זכוכית מגדלת.

בדברי הפוסקים מצינו, בשו"ת שאילת יעב"ץ, שלפעמים השתמש בזכוכית מגדלת וכמוש"כ שם בתשובה סימן קכ"ה, שכתב בתוך דבריו: "וחוש ראות עיני אין כ"כ חזק לראות המילבין או הכנימה ואף ע"י כלי זכוכית מגדיל המוחשים לאו כל עת תחת ידי".

ולמעשה לא פשוט שפסול חסר בשאר האתרוג הוא משום לקיחה תמה, אלא מחלוקת הראשונים היא גם בזה. שבר״ן פרק לולב הגזול מפורש שפסולו מצד הדר, ואי״כ נצטרך לכאורה לומר שלשיטתו יהא חסר פסול גם בשאר ימים בכל האתרוג, וזה הרי לא יתכן משום שמפורש בגמ׳ שחסר בשאר ימים כשר, אלא ודאי שהר״ן סובר שפסולי הדר כשרים בשאר ימים, ואי״כ גם חסר בחוטמו יהא כשר בשאר ימים גם אם פסולו מדין הדר, ומכיון שהצד שחסר בחוטמו פסול מדין הדר הוא עפ״י שיטת הר״ן שניקב בחוטמו פסול מדין הדר, הרי שממ״נ יוצא שחסר בחוטמו יהא כשר בשאר ימים, משום שאותן שיטות שפסולי הדר פסולים גם בשאר ימים, הם הסוברים שפסול חסר בחוטמו הוא מדין לקיחה תמה, ואילו הר״ן שסובר שהפסול הוא מדין הדר סובר שפסולי הדר כשרים בשאר ימים.

להלכה:

חסר בחוטמו כשר בשאר ימים.

וניקב אע״פ שלא חסר, פוסל בחוטמו במשהו, ואילו הרא״ש אינו פוסל אא״כ היה בכל האתרוג.

בשו״ע תרמ״ח סעיף ה׳, הובאו שתי השיטות. דעה א׳ שצריך נסדק כולו, ודעה ב׳ שבחטמו אפילו במשהו פסול. להלכה – המגן אברהם אינו פוסלו, וכן הוא בפמ״ג בא״א תרמ״ח ס״ק י״ז, בבכורי יעקב ס״ק ל״ג ובשו״ע הרב שלא הובאה בו כלל שיטת הר״ן.

בביאור הלכה, סעיף ה׳, ד״ה ויש, מחמיר בנסדק כל שהוא בחוטמו, עפ״ד הגר״א שכל פסול ששיעורו בגוף האתרוג ברובו, בחוטמו פסול אף במשהו, א״כ מאחר ויש שיטת הרמ״א שנסדק פסול ברובו, אזי בחוטמו פסול במשהו.

להלכה: המ״ב מחמיר בנסדק כל שהוא בחוטמו.

פסול נקלף

בביאור הלכה סעיף ה׳ ד״ה ויש, וכן הפמ״ג בא״א תרמ״ח ס״ק י״ז, כתבו שלשיטת הר״ן גם בנקלף בחוטמו ונשאר מראה אתרוג – פסול. אך בשפת אמת בסוכה לה, ובחזו״א סי׳ קמ״ז חלקו עליו, וס״ל שאף לשיטת הר״ן לא פסלו נקלף בחוטמו במשהו, אם נשאר מראה אתרוג. וראה מש״כ בענין נקלף.

להלכה: **אין לפסול נקלף ונשאר מראה אתרוג בחוטמו.** ואף המ״ב הנ״ל לא כתב לפסול להלכה, ובשו״ע הרב הכשירו.

חסר

לכאורה אין נ״מ למעשה, שהרי אנו מחמירים חסר במשהו אע״פ שאין בו רוחב איסר, וא״כ אין נפקא־מינא אם הוא בחוטמו או בשאר האתרוג.

אך תתכן נפקא־מינא לגבי שאר ימים שבהם חסר בשאר האתרוג כשר, ובחוטמו יש לדון אם כשר או פסול. שאם חסר בחוטמו פסול מדין לקיחה תמה כמו בשאר האתרוג, הרי הוא כשר בשאר ימים, אבל אם בחוטמו יש פסול נוסף של הדר הרי לאותן השיטות שפסולי הדר פוסלים כל שבעה, וכן מחמרינן להלכה, א״כ חסר בחוטמו יהיה פסול כל שבעה.

אמנם, הפמ״ג במשבצות, תרמ״ט סקי״א, נשאר בצ״ע בזה, **דיש להקל מכח ספק ספיקא** א. שמא אין הלכה כדברי הר״ן שניקב פוסל בחוטמו משום הדר, וא״כ גם חסר לא יהא פסול משום הדר ב. שמא גם פסולי הדר כשרים בשאר ימים, כשיטת הרמב״ם.

גם החיי אדם [כלל קנ״א אות י״ב] נשאר בצ״ע בזה, וראה גם ביאור הלכה [תרמ״ח סעיף י״ב ד״ה שינוי] **שמכשיר חסר בחוטמו בשאר הימים.**

סימן ו'

פסולים החמורים בחוטם יותר מבשאר האתרוג

ביארנו לעיל את ההגדרה של מקום החוטם, ומאחר שבפוסקים הוזכרו כמה סוגי פסולים הפוסלים בחוטם יותר מבשאר מקומות, נברר הדברים.

פסולי הדר

בפסולי הדר חנ חוטם משאר האתרוג, והטעם כמוש"כ רש"י סוכה לה, ב, שעיניו של אדם נתונין בחוטם, יות כשאר מקום.

בגמרא סוכה לה, ב, מפורש, שלענין חזזית בחוטמו שיעורו במשהו, וכתבו הראשונים שהוא הדין לכל סוגי פסול הדר, כ"כ הראב"ד הובא בטור תרמ"ח, רבנו ירוחם הובא בדרכי משה ובראי"ש פ"ג דסוכה סימן כ'. וזה כולל שינוי מראה ויבש.

ואע"פ שבשו"ע תרמ"ח סעיף י"ב הובא בשם יש מי שאומר, שיבש כל שהוא פסול בחוטמו, ומשמע כאילו שהדעה הראשונה חולקת, מ"מ כבר ביאר במגן אברהם שאין בזה מחלוקת וגם דעה ראשונה ס"ל כן. עיי"ש.

ויש להעיר שפסול יבש בחוטמו שהוא אפילו במשהו, הוא באופן שמצד המראה לבד יש בו שינוי, משא"כ אם מצד המראה אין בו שינוי, אלא שמכח תחיבת מחט בפנים רואים שאין בו לחלוחית, אין זה פוסל בחוטמו במשהו.

ולשיטת הגר"א, אין פסול בחוטמו במשהו גם בפסולי הדר, אלא רק בחזזית, משום שלא נאמר חוטמו "במשהו" אלא בסוגי הפסול שבשאר מקומות יש הלכה של "רוב", בזה אמרו בירושלמי "שעשו חוטמו כרובו", אך בסוג פסול שאין הלכה של "רוב" בגוף האתרוג, בזה חוטמו ושאר אתרוג שווים לדעה הראשונה.

להלכה:

המ"ב **מחמיר בכל שינוי מראה או יבש בחוטמו שהוא במשהו.** [ביאור הלכה תרמ"ח סעיף י"ב ד"ה שינוי].

פסול נסדק

בר"ן פ"ג דסוכה פוסל גם בנסדק בחוטמו במשהו. וכן הוא ברמב"ן, הובא בב"י תרמ"ה, שנסדק

יג הגדרת מקום החוטם באתרוג

שיטת הרמב״ם

שיטת הרמב״ם פ״ח מלולב ה״ז שחוטם הוא הדד והפיטם וכציור ד׳ בתמונה. וכ״כ בכפות תמרים סוכה ל״ה, ב׳, שהוא בעץ הפיטם שהוא ירוק כגוון האתרוג, וכ״כ בקרית ספר פ״ח מלולב. [וצ״ע לדבריהם א״כ פיטמתו וחוטמו היינו הך, ולמה חילקום בגמרא ובמשנה לשני מושגים] וכן משמע בביאור הלכה סעיף י״ב ד״ה ממקום.

אמנם במגיד משנה מובא בשם הר׳ יצחק בן גיאות, שמבואר מדבריו שהרמב״ם הוא כשיטת הר״ן, וכן נקט הרא״ם בביאורו על הסמ״ג, והב״ח סי׳ תרמ״ח, וכן משמע בחתם סופר סוכה ל״ה, וכן משמע בחזו״א בסי׳ קמ״ז, וראה חיים וברכה סי׳ רנ״ט. ולשיטתם יתיישבו שפיר שני המושגים ״חוטמו״ ״ופיטמתו״.

שיטת המשנה ברורה

דעת המשנה ברורה, בביאור־הלכה, סימן תרמ״ח סעיף ט׳ ד״ה ממקום, שמקום החוטם הוא לא פחות מאשר למעלה משטח רובו של האתרוג, דהיינו רוב שטח האתרוג למטה אינו בכלל חוטם, ולכן חלק השיפוע המתחיל בתוך שטח זה אינו בכלל חוטם.

ויש לפרשו בשני אופנים, אופן אחד שאם ניקח את האתרוג שבתמונה שארכו 11.5 ס״מ, הרי בתוך שטח 5.75 ס״מ לא הוי חוטם ורק למעלה מזה, או אפשר שאנו דנים על שטח היקף האתרוג כולו שמעל השטח ששיעורו רוב שטח האתרוג מתחיל החוטם.

והוכיח כן ממה שמצינו ב׳ הלכות בדין חזזית, שחזזית פוסלת בחוטמו במשהו, וכן שחזזית פוסלת ברובו, ומוכח שחוטמו אינו בשטח של רובו, דאל״כ יפסל מצד חוטמו בלבד ומה נפקא מינה בהלכה של רובו.

ואע״פ שיש לדחות שההלכה של רוב באה למציאות של אתרוג שרובו בחזזית ועדיין לא מפני שדין חוטם במקום שהוא מעל הרוב, אלא משום שכלל לא התחיל השיפוע, מ״מ אין נראה שההלכה של רוב באה למקרים בודדים אלו.

להלכה ננקוט כדעת המ״ב, אבל יש לציין שאם נפרש דעת המ״ב שמסתכלים על רוב שטח של האתרוג, ע״פ רוב שווה שיטתו עם שיטת החתם סופר.

אתרוג העשוי כמגדל ע״ג מגדל

באתרוג העשוי כמגדל ע״ג מגדל (כתמונה 10), באשל אברהם תרמ״ח נשאר בצ״ע, אם גם המגדל התחתון בכלל החוטם. ובספר ארבעת המינים עמוד קי״א כתב, שמאחר שלשניהם יש ״חידוד״, ממילא גם התחתון בכלל. ועל־פי דברי הכפות תמרים שביאר דעת הרא״ש בשיטת הרי״ף, שכל השיפוע נקרא חוטם, אע״פ שברי״ף לא הוזכר אלא ״דדו״, מוכח שהרא״ש הבין שכמו שדדו נקרא חוטם משום שהוא מחודד, ולפי״ז גם המגדל התחתון בכלל החוטם שיש לו ״חידוד״.

סימן ה׳

הגדרת מקום החוטם באתרוג (ראה תמונה 9־8)

בחוטם האתרוג נוהגות חומרות יתירות משאר האתרוג, משום שעיני האדם נתונות בו יותר משאר האתרוג. ומצינו מחלוקת הראשונים בהגדרת מקום החוטם.

שיטת רש״י

שיטת רש״י בסוכה לה, ב, וכפי שהסבירו הרא״ש, שאין כל השיפוע נקרא חוטם אלא רק עובי גבהו שממנו משפע ויורד וכציור א׳ בתמונה. והיינו, שרק אותה רצועה בהקיפו המסומנת בתמונה בצבע שחור היא החוטם. למעשה תלוי בסוג האתרוג. באתרוג שבתמונה אפשר לדעת בבירור את מקום גבהו של האתרוג, אך ברוב האתרוגים ההולכים בשיפוע לצד מעלה ולצד מטה הרי המקום שהוא עובי גבהו הוא ממש כחוט דק, וגם אינו הולך בהיקף שוה, כי באותו היקף יש מקום שמשתפע כלפי מטה, אם לא שנאמר, שמקום החוטם באמת אינו בהיקף אחד ומתעקם כפי התעקמות האתרוג, וכפי שרצה לבאר לי הגאון ר׳ חיים קנייבסקי שליט״א.

שיטת הרא״ש

שיטת הרא״ש שכל השיפוע של האתרוג נקרא חוטם, וכציור ב׳ בתמונה. ובחתם סופר סוכה ל״ה, כתב שכן נהגו בעלי הוראה.

ובשיטת הרא״ש, כפי שמשמע בבית יוסף ובשערי תשובה ס״ק י״ח, אינו כולל את מקום החוטם לפי שיטת רש״י שהוא עובי גבהו, אלא מתחיל מעובי גבהו ולמעלה, ואילו מקום גבהו עצמו לא נכלל בחוטם. וכן משמע מלשון השו״ע, שהוא ״ממקום שמתחיל להשתפע״, ואין עובי גבהו בכלל.

ומלשון החתם סופר בסוכה ל״ה, ב׳, משמע, שלהרא״ש גם מקום גבהו בכלל השיפוע. והיינו, שבשיטת הרא״ש נכלל גם מקום החוטם לפי שיטת רש״י.

גם כאן יש להעיר שתלוי בסוג האתרוג, שברוב אתרוגים שלנו, אם נמדוד את השיעור מתחילת השיפוע, לפעמים מתחיל השיפוע למטה עוד לפני שהגיע לגבהו של אתרוג. אם לא שנאמר שאנו דנים על השיפוע החד והניכר לעין, ולא השיפוע הקטן יותר.

שיטת הר״ן

לדעת הר״ן מקום החוטם הוא מקום הגבוה באתרוג שתחת הנץ שעשוי כמין נזר וכציור ג׳ בתמונה. ובחתם סופר סוכה, שם, כתב שהוא סוף האתרוג ממש, מקום שמשם יוצא הפיטם ובשר האתרוג שם נראה כמין נזר.

אתרוג שאין לו פיטם יא

ויוצא מכל זה למעשה

א. אתרוג בלא פיטם – אם נפל הפיטם בעודו על העץ, כל שלא נפל מכח מכה וכיו״ב, כשר ונחשב כאלו לא היה לו פיטם מעולם. ואפילו נפל הפיטם אחרי שהאתרוג הגיע לגמר פרי לגבי תרומות ומעשרות.

ב. צריך לקחת אתרוג שיש לו גומא במקום הפיטם, והיא המוכיחה שלא נפל הפיטם מסיבה חיצונית.

רמז נפלא לענין תיקון חטא עץ הדעת, המרומז בארבעת המינים.

כידוע בראשונים (ראה רמב״ן פרשת אמור) שענין ארבעת המינים באים לתקן חטא אדם הראשון בעץ הדעת, רמז נפלא לזה מביא הגאון ההפלא״ה בספרו פנים יפות עה״ת פרשת אמור.

בתורה נאמר ״כי עץ הדעת טוב ורע״ ותפקידנו להסיר ״הרע״ וישאר טוב, ולכן אם תסיר מספר ״רע״ מעץ הדעת ישאר ״עץ הדר״.

ש״עץ הדעת״ עולה במנין 639 ואם תסיר ממנו מספר ״רע״ דהיינו מספר 270,
ישאר מספר 369
והוא כמספר ״עץ הדר״ העולה מספר 369.

וגם מספר ״ערבי נחל״ עולה כמנין עץ הדר עם הכולל, (ערבי נחל= 370, ״עץ הדר עם הכולל =370).

וכן מספר ״עץ עבות״ עם הכולל, עולה כמנין ״עץ הדעת״.

וזהו שכתבו הראשונים ״שעץ עבות״ הוא רמז לאברהם יצחק ויעקב, כי ״עץ הדעת״ עולה כמספר ״אברהם יצחק יעקב״ עם הכולל, שהוא גם תיקון לחטא עץ הדעת.

וכן כפות תמרים, כי ״תמר״ עולה במספר 640, כמנין ״עץ הדעת״ עם הכולל.

הרי שבד׳ מינים רמוזים תיקון חטא עץ הדעת.

סימן ד'

אתרוג שאין לו פיטם

באתרוג שאין לו פיטם, למש"כ לעיל שדרך הפיטם הוא שנופל בעודו קטן, הרי יש לדמותו למש"כ הרמ"א תרמ"ח סעיף ז', שאם לא היה לו דד מעולם שכשר. והטעם, מכיון שכך הוא סדר בריתו וגידולו אין לכנותו בשם חסר. וכ"כ בשבט הלוי ח"א סי' קע"ז.

ואין לומר שמאחר שהיה לו פיטם אלא שנפל, לא מקרי שלא היה לו מתחילת ברייתו [וכ"כ הגאון ר' מאיר ברנדסדורפר שליט"א בספרו קנה בושם חלק ב'], זה אינו, שהרי מפורש בתרומת הדשן סי' צ"ט, על אותן קוצים שעושים חסרון באתרוג בעודו באילן שכשר, ואע"פ שחסר פוסל באתרוג, "הך חסרון דמתחלת ברייתו הוא לא פסלי", ומפורש, שאע"פ שבתחילת גידול האתרוג לא היה לו הקוץ והחסרון אלא נעשה אח"כ מ"מ מכיון שנעשה בעודו באילן, נחשב כאילו היה החסרון מתחילת ברייתו, וא"כ הוא הדין לגבי כשרות האתרוג שנפל הפיטם, מאחר שנפל בעודו באילן, נחשב כאילו לא היה לו הפיטם "מתחילת ברייתו".

וכן מבואר בשבלי הלקט סי' ש"ס שכתב: "עוד אני אומר דדוקא באתרוגים שאין דרכן בכך להתייבש וליפול הפרח שלהן בחוטמן, פסולין אם ניטלה הפיטמא, אבל באתרוגים שדרכן בכך כשרין לדברי הכל ולא חסר הוא".

מפורש הדבר שאתרוגים שפיטמא שלהם נופלת בעודם על העץ כשרים מאחר שדרכם בכך.

ומש"כ בספר מועדים וזמנים ח"ו סימן ס"ב, שמאחר ויש אלפי אתרוגים שגדלים עם פיטם, אי אפשר לומר דרביתייהו היום בלי פיטם, גם זה יש לדחות, כי מאותו מקום שהביא להחמיר, שם מפורש להקל. שציין שם לדברי הרדב"ז בתשובה ח"ד סי' קי"א, שמתיר לקחת אתרוגים עם חזזית לפי שדרכם בכך, וז"ל שם: "א"נ עיקר מה שסומכין וכו' שחזזית באתרוג במצרים הוא מכת מדינה, וכמו שנטלה פטמתו פסול, ואפ"ה אנו מכשירין אותו, אע"פ שאין לו פטמות מפני שאנו אומרים זהו דרך ברייתו, כך ג"כ החזזית זהו ברייתו ודרכו וטבעו. ואע"פ שנמצא אחד בכמה בלי חזזית, אין זו ראיה, שכן נמצא אחד בפטמות בכמה, ואפ"ה אין אנו פוסלין אותן מפני שאין בהם פטמות".

מפורש בדבריו, שאע"פ שיש מסוג זה כאלה וכאלה מ"מ עדיין נקרא ברייתו בכך.

עכ"פ יוצא, שאם נופל הפיטם בעודו בקטנותו באילן, יש להכשירו. ואע"פ שיש לנו עדיין ספק שמא נפל בעודו על האילן מכח מכה ולא באופן טבעי, אעפ"כ אם לוקח אתרוג שיש בו גומא, כשר, וכמו שכתב המבי"ט שזהו סימן להכיר אם נפל באופן טבעי או לא, והובא גם במשנה ברורה ס"ק ל"ב **שאם יש גומא באתרוג סימן שלא נפל מסיבה חיצונית,** משום שהמציאות מוכיחה שאם נופל מכח מכה וכיו"ב לא נשארת צורת גומא כזו באתרוג.

את גידולם מחודש אב ואילך, משקים אותם בהרבה מים, וכך הם גדלים מהר יותר. למרות שיש שינויים מסוימים בין הסוגים הללו, כמו למשל, שבאתרוגי החורף הפיטם חזק יותר, ומראהו נוטה יותר לצבע חום, אבל בנוגע לפיטם, לא נמצא בשלשת הסוגים פיטם העשוי כְעץ שאינו מבשר האתרוג.

והרב הגאון ר׳ משה הלר שליט״א, אמר לי בשם אביו הגאון ר׳ צבי מיכל זצ״ל, שהיה המומחה לפסיקת הלכות אתרוגים, שהיה נוקט כדברי הכף החיים, ואין הקולא של נפל הפיטם בסוג אתרוגים אלו.

אמנם, מצאתי בכפות תמרים סוכה דף לה, ב, מפורש, שסוגיית הגמרא והראשונים מיירי גם בסוג הפיטמות המצויות אצלנו וז״ל שם בתוך דבריו:

״אבל בשושנה עצמה שהיא על הדד אינה מגוון האתרוג... פירוש חוטמו הוא העץ שהשושנה בו והוא ירוק מגוון האתרוג ולפעמים ימצא שם חזזית כל שהוא״...

וכמו כן פירש שם בדעת התוס׳ ד״ה ״ניטלה״: ״דהרי עינינו הרואות כמה פעמים שהעץ שבראש האתרוג הוא רך וירוק מגוון האתרוג״.

ומפורש בדבריו, שהסוגי׳ מיירי גם בסוג אתרוג שהפיטם שלו הוא מגוון האתרוג גופיה. ואעפ״כ יש הלכה של ניטל הפיטם, שלכמה ראשונים הרי הוא כשר.

וראה גם בחיים וברכה אות רנ״ט, שהביא דברי המהרש״ם והגר״ח סאלוויציק זצוק״ל להכשיר מראה שחור על הפיטם. וקשה לומר שבמרחק שנים מועטות אלו כבר נשתנה טבע הפיטם.

ושאלתי זקנים שבאו מארצות שונות, ואמרו שלא ראו פיטם בגוון עץ ממש אלא כל הפיטמים שראו דומים לסוגי הפיטם שלנו.

ולכן קשה לקבוע בודאות גמורה שסוג פיטם שיש לו גוון של בשר אתרוג, שאם נפל הפיטם יהיה פסול לכו״ע.

פרי עץ, ב׳ במסורה, אשר בו פרי עץ, (בראשית א) ופרי עץ הדר, (ויקרא) רמז למה שאמרו אילן שאכל ממנו אדם הראשון אתרוג היה.

בעל הטורים

סימן ג׳

״הפיטם״

הפיטם הוא הדד היוצא מן האתרוג בראשו.

כדי לבאר ההלכה, יש לבאר תחילה תהליך גידולו של הפיטם.

כפי שרואים בתמונה (ראה תמונה 32־31), **הרי תהליך גידולו של הפיטם הוא כך: בענף האתרוג יש** פרחים שנפתחים, בתוכם עלים צהובים, והעלה הצהוב המרכזי נעשה לפיטם. תחילת גידולו של האתרוג הוא מהפיטם המורכב משושנתא ודד, ואח״כ ממשיך לגדול בשר גוף האתרוג, המחובר לענף במין קליפה שהיא בסופו של גידול האתרוג תיהפך לעוקץ.

ברוב הפעמים הפיטם נופל כבר כשהאתרוג בגודל קטן מאד, וזה מחולשת הפיטם, ויש פעמים שהפיטם נופל אח״כ, או מעצמו או מכח מכה.

אותן פיטמות שהן חזקות נשארות על האתרוג, ואלו הם הפיטמים שאנו רואים באתרוגים.

עד לפני זמן מסויים היו שאמרו שפיטם הנשאר על האתרוג הוא סימן לאתרוג המורכב, אך בזמן האחרון מצאו חומר המוזרק לפיטם בעודו בפרח, שנותן לו הכח להמשיך לגדול מבלי שיפול, גם באתרוג שבודאי אינו מורכב.

למעשה יש שני סוגי פיטם: א. פיטם השקוע בתוך האתרוג ונראה כמו עוקץ שקוע. ב. פיטם מעל ראש האתרוג, והוא הסוג המצוי. אמנם גם בסוג זה, תחילת הפיטם, בתוך ראש האתרוג.

דבר חדש העלה הכף החיים בסי׳ תרמ״ח אות מ״ו, שיש שני סוגי פיטם, פיטם שביסודו הוא ״עץ״, **ופיטם שביסודו הוא ״בשר האתרוג גופיה״**, שבו מראה גוון הפיטם הוא כגוון האתרוג והוא הנמצא בארץ הצבי.

ועפי״ז העלה חומרא, שבאותו **פיטם בשרי, אם נפל מקצתו, פסול לכו״ע** מאחר שהוא מגוף האתרוג ודינו כחסר.

ועוד חומרא יש לשיטתו, שאם יהיה מראה פסול על פיטם זה יהא האתרוג פסול, מאחר שיש לפיטם דין אתרוג ולא דין עץ.

בשוק לא מצוי סוג פיטם של ״עץ״, אלא כולם הם מסוג ״פיטם הבשרי״, ואם תחתוך הפיטם לארכו תמצא גוון בשר האתרוג ממש. כמו״כ כאשר האתרוג מצהיב, מצהיב גם הפיטם (ראה תמונה 22).

למעשה מצויים שלשה סוגי אתרוגים שבלשון הסוחרים והמגדלים הם נקראים: אתרוגי חורף — שנשארו מהחורף. אתרוגי קיץ — שתולשים אותם בחודש אב. אתרוגי מים — שמכיון שרוצים לזרז

ז סימנים להכיר מורכב

תולדות המורכב

חידוש מעניין הביא בבית אפרים, או״ח סי׳ נ״ו, שכל איסור מורכב הוא ״במורכב עצמו״ ולא בתולדותיו, שאם ניקח ענף מעץ מורכב ונשתלנו במקום אחר, לא יהיה איסור מורכב. אך הכרעה זו לא נתקבלה. וכתב בבגדי ישע, **שכל שהורכב, אפי׳ עד אלף שנה פסול, וגם דור עשירי שבו לא יבוא בקהל ד׳.** וכ״כ בחזו״א, כלאים, סי׳ ג׳ אות ז׳, וז״ל: ״ומיהו לענין מצוה, אם המורכב הראשון פסול וכו׳, הגידולים השניים נמי פסול״.

הרכבת אתרוג עם עץ החושחש (ראה תמונה 2)

עץ החושחש הוא מין תפוז יערי ממשפחת התפוז שפירותיו אינם ראויים לאכילה. וכבר כתב מרן החזון איש זצוקו״ל בספרו, כלאים, סימן ב׳ ס״ק ט׳ ״ונראה דתפוז יערי חושחש, מין אחד עם התפוז״, ולדבריו אין איסור הרכבה מחושחש לתפוז.

מאחר ומצויים כיום אתרוגים המורכבים מעץ חושחש, ולדברי הפרדסנים שמעו פסקי הלכה מגדולי תורה בזמנם שאין בזה איסור הרכבה, עלינו להביא כאן פסק הלכה בזה, מדודי הגאון ר׳ שלמה זלמן אויערבאך שליט״א.

וכך כתב דודי שליט״א [בכרם ציון הלכות ערלה פרק י׳ בגידולי ציון הערה ה׳]: ״אמנם על עיקר הרכבה זו תמיהני, איך מרכיבים אותם ומקיימים אח״כ את האילנות המורכבים, הרי כל שהטעם חלוק הרבה, הוי כלאים גמור, ואין לך חילוק טעם גדול מזה, ומהיכי תיתי נאמר מסברא שהם מין אחד אלא שהחושחש הוא מדברי, ועי׳ בירושלמי סוטה פ״ח ה״ה״. עכ״ל שם.

ועכ״פ, אף דברי מרן החזו״א אינם אלא בהרכבת חושחש עם תפוז, שלדעתו חושחש הוא מין תפוז, משא״כ חושחש עם אתרוג, בזה ברור שגם להחזו״א הוא איסור הרכבה של שני מינים. **ועל כן אמר לי דודי הגרש״ז אויערבאך שליט״א — שאתרוג המורכב עם חושחש הוא מורכב גמור.**

הרואה לולב בחלום אין לו אלא לב אחד לאביו שבשמים, הרואה הדס בחלום, נכסיו מצליחים לו, ואם אין לו נכסים, ירושה נופלת לו ממקום אחר, הרואה אתרוג בחלום, הדר הוא לפני קונו, שנאמר פרי עץ הדר.

(ברכות נז).

ו **חלק עיוני**

וכדי לברר דין "שיטת ההכלאה" נקדים בהסבר הדברים מבחינה בוטאנית.

שיטת ההכלאה

ישנם אילנות, ובתוכם עץ הלימון, שבתוך פרחיהם ישנה אבקה. הדבורים המוצצות את צוף הפרח, מעבירות ברגליהן את אותה אבקה מפרח הלימון אל פרח האתרוג, ועל ידי זה מתפתחים הזרעים של החלק המופרה בעץ האתרוג. הפירות הגדלים מכך אינם שווים בתכונתם "לאמם", לעץ שעליו התפתחו הזרעים.

ודודי הגאון רבי שלמה זלמן אויערבאך שליט"א, העירני הערה נפלאה, שאין בכה"ג "דין מורכב". והטעם, כי מורכב שמצינו בחז"ל הוא שמרכיב "יחור" מסוג אחד על "יחור" מסוג שני, ויש בכחו של כל יחור בפני עצמו להצמיח, אם נשתול אותו באדמה, ואיסור ההרכבה או פעולת ההרכבה הוא באופן שמרכיב שני "מינים" כאלו יחד. משא"כ אם "מין" מסויים אינו ראוי להצמיח בפני עצמו, אין כאן איסור ומושג הרכבה, שהרי אין אלו "שני מינים", **ולכן אותה אבקה שהדבורה מעבירה, הרי אין בשום פנים ואופן כח באבקה לבד להצמיח, וא"כ אין לה שם "מין", ולכן הרכבתה עם האתרוג אינה נחשבת הרכבת "שני מינים".**

וכיסוד דבריו מצאתי גם בחזון איש, כלאים, סימן ב' אות ט"ז:
"למדנו ג' חלוקות, אם מרכיב דבר שאין צומח אלא שהוא נבלע באילן ומטיב צמיחת האילן מותר, והיינו הא דאמר פסחים נו, א, וכו', ולא אסרינן משום אילן באילן וירק באילן, אלא שאין כל אלו מקבלים כח הצמיחה, אלא הוא השקאה לדקל וכו'".

ועפי"ז יוצא חידוש עצום, **שאם נזריק לפרח האתרוג, או לאתרוג, או לאילן, מיץ מלימון, או תרכובת הורמונאלית מתכונת הלימון, לא יהא על אתרוג זה שם מורכב. ואמר לי דודי הגרש"ז אויערבאך שליט"א שבאמת כן הוא הדבר,** שמאחר שאותה זריקה או המיץ אין בכחם להצמיח מצד עצמם, אין לאתרוג הגדל על ידם שם "אתרוג המורכב" שאינו מורכב "משני מינים".

מורכב — האם מצמיח

יש שתלו עצמם באילן גדול — בדברי הספורנו, בראשית, על הפסוק "עץ פרי עושה פרי", שכתב "שהמורכב משני מינין לא יוליד", ובבית אפרים סי' נ"ו הביא כן בשם הרמב"ן פרשת קדושים. ומזה הוכיחו שפרדסים שמצמיחים אינם מורכבים.

אך כבר כתב בבכורי שלמה אות קס"ג, שכוונת הספורנו הוא על "הגרעין" שאם יזרענו אינו מצמיח, ולא על יחור מהענפים שהוא מצמיח גם במורכב.

סימן ב׳

סימנים להכיר מורכב

אע״פ שבספרי הפוסקים הוזכרו סימנים לחלק בין אתרוג מורכב לאינו מורכב, מ״מ למעשה כבר כתבו הפוסקים **שכיום אי אפשר לקבוע דבר זה ע״פ סימנים, לא להכשיר ולא לפסול** משום שתלוי באקלים. [מה גם שמגדלי האתרוגים המציאו שיטות הרכבה שאינן משנות את הסימנים, כמבואר בתורת חסד או״ח סי׳ ל״ד].

וכבר העיר בזה החתם סופר, באו״ח סי׳ ר״ז, ״שסימנים לאו דאורייתא״, ודין האתרוג כעוף טהור שאינו נאכל אלא ע״פ מסורת ולא על פי סימנים.

יש כמה סימנים שהוזכרו בפוסקים לחלק בין ״אתרוג״ ל״מורכב״ ו״לימון״ וחלק מהם הוזכרו בתשובת הרמ״א קכ״ו ושבות יעקב חלק א׳ סימן ל״ו.

סימנים המבדילים בין מורכב לאינו מורכב

תכונת המורכב הוא כפרי הלימון גם מבחוץ וגם מבפנים, ראה תמונת הלימון ותמונת האתרוג. (תמונה 6־3). ההבדלים מורגשים לעין בכמה דברים.

א. האתרוג אינו חלק מבחוץ ויש בו שקיעות ובליטות — הלימון חלק.

ב. באתרוג, העוקץ שקוע פנימה — בלימון, העוקץ אינו שקוע.

ג. האתרוג, קליפתו הפנימית עבה — בלימון היא דקה.

ד. באתרוג יש מיץ מועט או שאין בו מיץ בכלל — בלימון יש הרבה מיץ.

ה. האתרוג, גרעיניו זקופים לארכו — הלימון, גרעיניו שוכבים לרחבו או בשיפוע.

בדיקה ע״י מעבדה

לכאורה, ניתן כיום לבדוק אם אתרוג מורכב או לא ע״י בדיקת מעבדה שתוכיח לנו כמה אחוזים באתרוג זה הם של לימון, או חושחש. בירורתי הדבר אצל מומחים, ואמרו לי **שכבר ניסו בחלק מהאתרוגים דבר זה, ולא מצאו אתרוג שלא נמצא בו חלק של לימון, ואין תועלת בבדיקה זו.** סיבת הדבר קשורה לדבריהם בבעיה אחרת, והיא ״שיטת הכלאה״, דהיינו, שהדבורים מעבירים אבקה מעץ הלימון לפרחים של עץ האתרוג, ונמצא שמעורב באתרוג חלק מהלימון ללא הרכבה בידי אדם. אם נאמר שגם הרכבה הנוצרת מן הדבורים גורמת דין מורכב באתרוג, כמעט לא ימצא היום אתרוג בלתי מורכב.

וכבר שמעתי שיש פרדסני אתרוגים המשלמים מכספם לבעלי כוורות, להניח כוורות ליד העצים שלהם כדי שיעבירו אבקה מעץ הלימון לעץ האתרוג, או מחושחש לאתרוג.

וכן אתרוגי ״קורפו״ הגדלים ביוון — הבית אפרים הכשירו, וכן הובא באשל אברהם להגאון מבוטשאטש, שהגאון הנודע ביהודה ובעל הקדושת לוי בירכו עליהם, ואילו הגאון ר׳ שלמה קלוגר בשו״ת טוב טעם ודעת מהדו״ק סי׳ קע״א פסל אותם. ובקונטרס פרי עץ הדר משנת תר״ס, הובאו עשרות מכתבים מגאוני הדור וביניהם הבית יצחק, המהרש״ם, הגאון ר׳ שמואל מסלאנט ועוד, שפסלו אותם ויצאו באיסור עליהם. ומענין מה שכתב שם אחד מהגדולים, שלאחר שהגויים שפכו את דם היהודים שבאותו מקום, הרי אע״פ שאתרוגי קורפו נקיים ״מבלאט פלעק״, מ״מ אינם נקיים ״מבלוט פלעק״. (בלוט — דם).

גם על אתרוגי ״מרוקו״ כתב הבכורי יעקב בתוספת בכורים ״קבלתי אתרוג ממרוקו יפה ומהודר בכל מיני הידור ובכל סימני הכשר אשר עדיין לא ראיתי כמוהו״.

כמו כן על אתרוגי ״תימן״ כבר הזכיר הרב יעקב ספיר בספרו אבן ספיר משנת תרי״ט שכשרים הם, וכ״כ במועדים וזמנים סי׳ קי״ח בשם החזו״א.

ומכל־מקום, אף שבביאור הלכה סוף סימן תרמ״ח הביא בשם הבכורי יעקב ״שרוב אתרוגי העולם הם בחזקת בלתי מורכבים״, מ״מ, למעשה, ברור הדבר שאי אפשר לקבוע ע״פ הנ״ל הכשר על כל האתרוגים, שהרי במשך השנים בודאי היו מרכיבין, ולכן אין לנו להסתמך אלא על ״הכשר״ מבית דין שהאתרוגים נמצאים תחת פקוח מלא, וכמוש״כ החתם סופר שאינו נלקח אלא ע״פ ״מסורת״. וגם במסורת צריך עכ״פ לברר אם הוא מורכב או לא. כמו״כ יש לקנותו מאיש נאמן [משנה ברורה תרמ״ח ס״ק ס״ה].

וריב״ק (ר״י ב״ר קלונימוס) היה נוהג בערבה, וכן בערבה של לולב, לתקן מן העצים קולמוסים, ולבער בה חמץ בפסח, כדאמרינן גבי עירוב, הואיל ואיתעביד בה חדא מצוה ליתעבד בה מצוה אחריתא.

הגהות אשר״י בשם הגהות מיימוני

אתרוג המורכב ג

בשעת הדחק

אתרוג המורכב פסול גם בשעת הדחק. [ראה שו״ע הרב תרמ״ח סעיף ל״א, ומשנה ברורה ס״ק ס״ה]. וביותר מזה, יש שאסרו גם ליטלו בלא ברכה [שו״ת שבות יעקב ודרשות חתם סופר ח״א דף מז, א, דרוש לסוכות], כדי שלא יתרגל בזה בזמן שאפשר. ובמשנה ברורה תרמ״ח ס״ק ס״ה הביא ב׳ דעות בזה.

מעשה נורא הובא בשו״ת שבות יעקב ח״א סי׳ ל״ו, שהיו אנשים אלימים שהכריחו החזן לברך על אתרוג מורכב, והגאון בעל הש״ך היה אורח באיזור זה וקיבלו ממנו היתר לברך בשעת הדחק נגד דעת רבני המקום, וכשרצה החזן להתחיל לברך עכבוהו מן השמים על ידי שנפל האתרוג מידו ונשבר עוקצו. הגאון בעל הש״ך התחרט מפסקו וקודם מותו צוה לבנו בכתב ידו לבקש מחילה מהגאון המהר״ש.

מחלוקות הפוסקים בזני אתרוגים שונים

במשך מאות בשנים היה ויכוח גדול בין גדולי עולם על סוגי אתרוגים שונים, אם כשרים או פסולים. הן על אתרוגי ארץ ישראל, שאע״פ שכבר הוזכרו בתוספתא מכשירין פ״ג, ״ואתרוגי קיסרי הרי אלו בחזקת טהרה״, ובתוספתא דמאי פ״ג, מעשה ששילח רבי יוסי אתרוג בציפורי ואמר זה בא לידי מקיסרי, אבל במשך השנים התעררה אמינות חזקתם. אמנם בשדי חמד כתב על אתרוגי א״י, שאף שאינם נראים כ״כ יפה, ״אם אינם מהודרים למטה יהיו מהודרים למעלה״.

גם על אתרוגים בחו״ל התעורר ויכוח גדול, כמו אתרוגי יעניווא קלאבריה [איטליה], שהחתם סופר כתב עליהם שיש מסורת שכשרים הם. [מעניין מש״כ בהוספות לשו״ע הרב עמוד ע״ב בהערה 5 ״קבלה בידינו מאדמו״ר הזקן בעל התניא והשו״ע, להדר אחר אתרוגי קלאבריה יאנעווע מטעם הידוע לו, ואמר שכאשר אמר הקב״ה למשה ולקחתם לכם פרי עץ הדר וגו׳, הושיבו שלוחים על ענן ושלחום להביא אתרוגים מקאלבריה״. וצ״ע הרי איטליה נעשתה רק בימי שלמה כמבואר בסנהדרין כא, ב, ומגילה ו, ב, וראה גם רש״י בראשית כז, לט, בברכת עשיו ״ומשמני הארץ — זו איטליא של יון״, שהוצרך רש״י לפרש כן, שהואיל ויצחק כבר נתן ליעקב משמני הארץ, הוצרך לתת לעשיו מקום חדש שטרם נוצר אז, וזו איטליא של יון, וצ״ע].

מלבד זה, לא ברור כלל **אם קיימו במדבר את מצות ארבעת המינים**, שמלשון הרמב״ם במורה נבוכים ח״ג פרק מ״ג משמע, שצווי ארבעת המינים נוהג רק לאחר הכניסה לארץ, וכן ציין בציץ אליעזר ח״ז, בשם הצדה לדרך, מאמר ד׳ כלל ו׳ פ״א, וכן מבואר באברבנאל עה״ת פרשת אמור, שביאר בענין ערבות, שלא היו במצרים, וכל־שכן במדבר שלא היו נחלי מים עיינות ותהומות, לכך צוה שכשיבואו אל ארץ נחלי מים ישמחו בערבותיה.

כמו כן על אתרוגי ״קורסיקה״ [של איטליה] היו מברכים בזמן החתם סופר. [הובא בשו״ת חתם סופר בליקוטים [לונדון תשכ״ה] סימן פ׳]. וכך נהג גם החוות דעת [הובא בחי׳ מהרא״ך הלכות לולב לחתנו של החוות דעת], וכ״כ בשו״ת טוב טעם ודעת מהדו״ק סי׳ קע״א להגאון ר׳ שלמה קלוגר.

סימן א'

אתרוג המורכב

בנושא אתרוג המורכב יש תשובות רבות בספרי הפוסקים, ונסכם עיקרי הדברים בקיצור נמרץ כדי לעמוד על ההלכה.

עץ האתרוג הבלתי מורכב הוא חלש ואינו מאריך ימים. גם תוארו ויפיו אינם כמו האתרוג המורכב, ולכן יש ממגדלי האתרוגים המרכיבים בו יחור ממין אחר המחזק אותו ומשביח את פירותיו.
דבר זה אסור מדין כלאים, כמבואר ברמב״ם פ״א מכלאים ה״ה, המביא דוגמא לאיסור כלאי אילנות מהרכבת אתרוג ותפוח. [ובמורה נבוכים ח״ג פל״ז מזכיר הרכבה של אתרוג עם זית].
שאלת כשרות אתרוג זה למצות ארבעת המינים נידונה כבר לפני 400 שנה, במהר״ם אלשיך, ברמ״א, רבינו בצלאל אשכנזי ובמבי״ט. מאז נכתבו על כך עשרות תשובות בספרי הפוסקים.

צורת ההרכבה

בצורת ההרכבה יש מספר אופנים, והלכה אחת היא לכולם שפסולים למצוה. א. יש שמרכיבים ענף אתרוג ע״י שחוקקים בגזע הלימון ומכניסים בו ענף אתרוג, ובלשונם הוא ״הרכבת כנה״ [כנה — הוא בסיס, בתרגום אונקלוס שמות ל, כח, מתרגם ״ואת הכיור ואת כנו״ — ״וית בסיסיה״]. ב. יש שמרכיבים ע״י יחורים, דהיינו מקלפים ענף מהאתרוג ומחברים אותו לענף הלימון, חובשים אותם והם נעשים כאחד. ג. יש שמרכיבים ע״י ״עין״, שפותחים את מקום ה״עין״ שיש בכל ענף, מקלפים את המקום ומחברים אותו לענף לימון. ד. יש סוג נוסף של הרכבת תמך, שתומכים עץ זקן בעץ צעיר כדי לשפר את כחו.

טעם פסול אתרוג המורכב

להלכה, רוב גדולי הפוסקים נקטו לאסור אתרוג המורכב, אלא שפליגי בטעם האיסור. יש שפסלוהו מדין **״נעבד בו עבירה״** [לבוש או״ח תרמ״ט סעיף ד׳] — שנעשה בו איסור. יש שפסלוהו מטעם **״חסר״** [מהר״ם אלשיך וט״ז תרמ״ט סק״ב]. ואף בשאר ימים שחסר כשר, מ״מ אם האתרוג בשיעור ביצה מצומצמת הרי חלק הלימון המעורב בו מחסירו משיעורו. יש שפסלוהו משום **שאין לו שם ״אתרוג״** [תשובת הרמ״א קי״ז ומגן אברהם תרמ״ח ס״ק כ״ג]. בדומה לזה כתב בשבות יעקב סי׳ ל״ו **דהוי כשני מינים המעורבים זה בזה,** וכ״כ בחזו״א כלאים סימן ג׳ אות ז׳. ומצינו טעמים נוספים — בכפות תמרים סוכה לה, שהמורכב אין טעם עצו ופריו שוים, ובחתם סופר סי׳ ר״ז כתב על זה, שדבריו דברי אלקים חיים. יש שפסלו מדין **״בל תוסיף״** שמוסיף מין חמישי והוא הלימון [חלקת יואב סי׳ ל״ב]. ובנפש חיה, הובא בשו״ת בכורי שלמה או״ח סי׳ ז־ח, כתב, **שפרי אחד אמר רחמנא ולא שנים.** עוד הובא שם בשם הגאון ר׳ מרדכי גימפל, לפסלו מצד חציצה, שחלק הלימון חוצץ בין ידו לאתרוג.

חלק עיוני

סימן א	אתרוג המורכב	ב
סימן ב	סימנים להכיר מורכב	ה
סימן ג	הפיטם	ח
סימן ד	אתרוג שאין לו פיטם	י
סימן ה	הגדרת מקום החוטם באתרוג	יב
סימן ו	פסולים החמורים בחוטם יותר מבשאר האתרוג	יד
סימן ז	הגדרת "נראה" בפסולי כל שהוא של "חסר" ושל "הדר"	יז
סימן ח	מראה ירוק	כ
סימן ט	חזזית	כב
סימן י	תיומת שראשה נראה כשני ראשים (כהימנק)	כד
סימן יא	קליפה האדומה בלולב (קאר"ע)	כח
סימן יב	פסול כבוש בארבעת המינים	לא
סימן יג	זהירות בדיני קנינים בארבעת המינים	לג
	רמזים	לו
	הערות לחלק האנגלית	מד